小学生学习高手

李柘远 著

北京联合出版公司
Beijing United Publishing Co.,Ltd.

自序

只有当人类发明了发明的方法之后，人类社会才能快速地发展。

——查理·芒格

同样地，只有当我们掌握了高效学习的方法之后，成绩才有望跃升、学业的理想才更易实现，乃至往后的人生，都会有更多美好的可能。

学弟学妹、家长朋友们好！我是李柘（zhè）远，大家可以叫我 LEO 学长，小朋友们也喜欢称呼我"LEO 哥哥""六哥"（"六"是"LEO"的谐音）。我很高兴通过这本全新出版的《小学生学习高手》与各位读者见面。

这是我个人的第三本书，也是第一本"少儿学习方法"主题书。我希望通过此书中多个"LEO 牌"学习方法与案例的分享，帮助孩子们爱上学习、学会学习，开启一段收获满满、进步多多的学习之旅！

在开始为大家上学习方法的"硬菜"前，我想先分享一下自己与学习结缘的故事，再聊一聊：

这本书中都有哪些学长亲测好用的宝藏方法？

同学们应该如何阅读和使用这本书？

因学习而受益的幸运儿

我出生于山东济南的普通知识分子家庭，家族里没有达官显贵，有的只是满是书香。童年时，我总能在起居室听到优美的英文录音，在睡前享受母亲的故事朗读，周末看望姥姥、姥爷时，听他们畅聊好书。我的父亲出生在福建的大山里，凭努力在 20 世纪 80 年代初考上北方的名牌大学，走出大山，用知识改变了命运。

受家庭的熏陶，我从小就对知识和学习有种天然的亲切感！自打入学第一天起，我就喜欢背着书包进学堂的感觉。从小学到高中毕业，后又留学美国的两所知名高校——耶鲁大学与哈佛大学，18 年求学路，有艰辛，有挑战，更有战胜自我之后的欣喜。

学习中时常遇到难点，考试偶尔发挥失常，这非但没令我沮丧，反而激起了我的斗志——与知识盲点斗，其乐无穷，我又有的学了！记得刚入耶鲁大学的前两个月，我不太适应全新的求学环境，第一篇用全英文写的论文初稿就被教授委婉评价为"不合格"。那一刻我是有点崩溃的……但是马上，我一边深呼吸，一边克服挫折感，打起精神推倒重来。最终，我的这篇大学论文处女作得了满分！

书山有路勤为径，学海无涯苦作舟。学习是辛苦的：放下喜爱的玩具，告别温暖的被窝，与陌生的知识点过招，应对作业和考试——这个过程确实令人疲惫。但学习又是甘甜的：学到新知识，掌握新技能，迎接挑战，不断进步——"非一般"的成就感，甘之如饴。

从在国内土生土长，到 18 岁时放弃保送，成为耶鲁大学有史以来在福建全奖录取的第一名本地高中生，再到后来考入哈佛商学院深造，如今继续在职场狂奔……这一路，我都是"学习"的最大受益者。持续不断地高效学习，为我的人生开创了丰富多彩的可能性。我获得了更多的机会，看见了更远的风景，结识了更优秀的朋友，参与了能给世界带来积极影响的事业。我感觉生命更具张力，也更加宽广了！

帮很多人掌握了高效学习的方法

我曾在不同场合分享求学经历，也多次到小学、中学校园和孩子们聊学习。大家求知若渴，问题连珠炮似的抛过来：

LEO 哥哥，如何听讲、做笔记，才能更好地吸收课堂所学？

学长学长，我记性总是很差，要怎样才能背好语文课文和英语单词呀？

柘远哥哥，我作文写得不好，老写"流水账"，要如何解决这个问题？

LEO 学长，要如何阅读？

如何学好数学？

如何预习、复习？如何整理错题？

如何管理时间？如何加强专注力？

如何制定求学目标？

……

我尽量一一作答，却仍应接不暇，干脆从 2016 年起在业余时间写文章分享自己的学习方法，并把这些原创统称为"LEO 牌干货"，其中多篇被《人民日报》等媒体广泛转载，阅读量过亿。后来，我出版了基于个人求学经历的《不如去闯》和第一本分享综合学习方法的《学习高手》。有赖于读者朋友们的厚爱，这两本书都成为当当网、京东商城等平台评选的最受欢迎好书之一；《学习高手》更是成为 2020 年以来现象级的学习方法类图书。

在读者见面会上，我见到了来自全国各地的学生和家长，也一次次被他们感动，甚至震撼。我未曾预料到，自己的分享竟能给这么多人带来改变命运的影响。

一位广西的妈妈带着儿子专程赶到北京签售会现场来见我。自从通过文章和课程结识了"LEO 哥哥"，曾经"贪玩得要命、从来不念书"（读者原话）的孩子开始认真上课、写作业，因为"他现在有个梦想，要像 LEO 哥哥一样考上哈佛大学"。曾经"快被他气死"的这位妈妈，如今对儿子充满了信心和骄傲。

一位曾叛逆到快辍学的天津女生，通过"LEO 学长"公众号认识了我，从此把我当成"可望也可即"的学长，高考实现逆袭，被北京外国语大学法语系录取。

一位已经告别校园和职场的全职妈妈，因为我的分享，重拾书本，学英语、考证，再上岗，开始了鲜活的第二人生。

更有很多可爱的小读者和爸爸、妈妈一起到签售会现场，分享他们"亲子共读"的体验和所学，还给我展示了图文并茂的阅读笔记，我不禁为他们竖起了大拇指！

……

这些真实的事例都在印证一个道理：学习，远非很多同学想象的那么艰巨。只要掌握了好的方法，我们不需要过人的天赋，也照样能在学业中芝麻开花节节高。

我希望自己的点滴学习经验能帮助更多的孩子爱上学习，获得改变命运的机会，尤其帮助还在小学、初中阶段的孩子与学习成为朋友。所以，从 2021 年秋天开始，我基于自己过去多年的原创经验、《学习高手》广大读者的反馈，以及小朋友和家长们的实际需求与阅读习惯，开始创作这本《小学生学习高手》，希望通过此书系统、全面、透彻地把自己 20 年求学路上的诸多方法，以通俗、有趣的方式分享给大家。

书中的方法改变了我的命运，也能改变你的命运

如今，在完成了新内容的撰写、插画的制作以及对全稿的多次优化后，《小学生学习高手》终于和大家见面了！

这是一本为少年儿童和家长朋友们量身定做、毫无保留分享我的学习方法与独家学习经历的超级攻略。

英文里有个词叫"One-stop shop"（一站式商店），用于形容这本书再贴切不过——不管你在学习上遇到了什么样的问题和困难，看这本书足矣。

更重要的是，这本书在方法阐述和案例选择上以贴合了小学生的刚需为主，可读性高、实操性强，尽量以场景阐述＋方法讲解＋案例分享＋插画引导的方式，帮助同学们边读边快速上手练习，熟练掌握各项高效学习方法！

在篇章结构上，我和磨铁出版团队的老师们反复论证，最终划分为：学习方

法、学习习惯、多学科均衡发展、综合素质、LEO 学长的学习成长之路五个方面。

《小学生学习高手》是一本丰富、实用的干货工具书，而我更希望这本书能成为大家求学路上的一束亮光、一个温暖的陪伴者。

最后谈谈我对"学习高手"这个词的粗浅理解。门门功课过硬，回回考试高分，这是普遍认同的学习高手、"学霸"的标准，但这本书书名中的"高手"却有另一层含义。它是相对的，可以跟别人比，更应该同自己比——与曾经的自己、昨天的自己比。希望本书能助你完成从不会学习到善于学习、玩转学习的蜕变，告别过去的自己，成为掌控学习成绩和未来人生的高手。

成功无捷径，但学习有方法。如果我可以，那么你为什么不行？我很高兴通过这本书认识大家，现在就让《小学生学习高手》陪伴你开启一段精彩的学习之旅吧！

目录

02 夯实学习习惯，让学习事半功倍

03　多学科均衡发展，求学之路梦想成真

01

掌握核心学习方法，
开启成绩进步之旅

超级笔记，透彻吸收课堂所学

　　做学习笔记是同学们都知道的一件事，却也是最常被忽略、最容易做不到位的一件事。来，看看说的是不是你？

做笔记时，基本跟着感觉走，或者只是照别人的样子依葫芦画瓢。

对如何抓重点一窍不通，或者恨不得把老师说的每一句话、写的每一行板书全盘抄下来。

又或者是另一个极端：相信老师讲的内容都能在书上找到，自己上课时也听得很明白了，所以根本无须做课堂笔记。

你是否觉得做笔记就是一次性任务，只需在上课时记上一通，下课后就高枕无忧了，很少拿着笔记做定期复习？或者，即使有意识地在考前拿出笔记本，却不知该从何看起？

你知道吗？做笔记的方法其实多种多样，可以匹配不同的学习场景和学习目的呢！

善做、善用学习笔记的人即使智商平平，也有更多的机会获得佳绩，因为做笔记本身，就是课堂之外的又一次完整、深入的学习。

接下来，LEO 学长就详细分享自己亲测好用的几种学习笔记法。你可以根据个人爱好，选择其中一种或几种方法用起来哟。

第 1 节　康奈尔笔记法

我力荐的第一个方法叫作"康奈尔笔记法"（Cornell Note-taking Method），由美国康奈尔大学的教授 Walter Pauk 在其著作 *How to Study in College* 中首次介绍，并在此后的半个多世纪里渐渐风靡全球。在耶鲁大学读本科时，我第一次从写作中心辅导老师那儿接触到康奈尔笔记法，而身边的同学中也不乏这个方法的拥趸。

康奈尔笔记法是一种系统、完整的方法，涵盖了从课堂记录到课后复习的全过程，特别好用！读到这里，你是不是特别想学会这种方法呢？别着急，下面就是具体的使用步骤。

首先，将笔记本分成三个部分，我把这三个部分总结为"右大左小下长"。右

"康奈尔笔记法"示意图

简化（提示栏）	笔记（主栏）
这里提炼归纳	这里记录上课内容
填写时间：	填写时间：

思考（思考栏）	
这里记下自己的听课意见、经验体会之类的内容	填写时间：随时

边部分占整个页面 70% 的空间，叫作"主栏"；左边部分是"提示栏"，下边部分是"思考栏"，这两部分各占整个页面 15% 左右的空间。当然，大家也可以根据个人喜好，把纸面设置成"左大右小下长"。

将整张页面划分好后，我们便可以开始康奈尔笔记法的第一个步骤。以下是我列出的五个以"R"开头的单词，因为康奈尔笔记法还有一个别名，叫"5R 笔记法"。这五个以 R 开头的单词，也分别对应了康奈尔笔记法的五个关键使用步骤。也许你还不认识这五个单词——没关系，记住它们对应的中文意思就可以了。

Record（记录）

第一个 R 是"record"，记录。上课听讲时，我们在右边的"主栏"中实时记录老师讲课的内容，着重参照课堂板书记下新知识点和案例，但无须逐字逐句"听写"老师的上课原话。所以这一步理解起来很简单，就是同学们最熟悉的"上课记笔记"。

Reduce（简化、简写）

第二个 R 是"reduce"，简化、简写。下课后尽快抽出 10 ~ 15 分钟，复习上课时在主栏记录的笔记内容，再将里面最核心的知识点提炼出来，以关键词、关键短语和短句的形式写入左边的"提示栏"中。这也是康奈尔笔记法从课上延伸到课下的第一步。

Recite（背诵、记忆）

第三个 R 是"recite"，背诵、记忆。在这一步我们该做什么呢？顾名思义，要通过一定的记忆工作，完成对课堂所学的复盘和巩固。在上课当天结束前，再次抽出 10 ~ 15 分钟，拿出笔记本，用手遮住主栏，只看副栏中的关键摘要，然后尽可能完整地复述并记忆课堂内容。

Reflect（思考、回顾）

第四个 R 是"reflect"，思考、回顾，也是第三个步骤——recite 的延伸。在这个环节只需做一件很简单的事：把自己的听课随感和上一步复习笔记时遇到的困难和问题写在页面下方的"思考栏"里。

Review（复习）

第五个 R 是"review"，复习。 在听课后的几天里，根据自己的实际学习情况，进行 n 次、每次 10 ~ 15 分钟的笔记复习。这里的"n"完全由你决定，如果在经过前面几步后对课堂所学仍然掌握不好，则可以多次复习；反之，则可以"一遍过"。复习时，尽量先看"提示栏"里的关键知识点摘要，努力回忆相关内容，之后再回到"主栏"，仔细回顾全部知识点和对应的细节。我更建议大家把康奈尔笔记本和教材、习题集、试卷结合起来复习，尽力避免遗漏知识弱点和盲点。关于复习的详细方法可以移步第一章"科学复习，夯实完整知识体系"部分（011 页）。

可以说，康奈尔笔记法是我自己用得最顺手的一种方法。从做随堂笔记，到课后及时整理归纳，再到之后多次循环复习，每完成一次这个过程，我都会觉得特别踏实、安心。要不，你也试试？

如果你觉得康奈尔笔记法有点复杂，或者没空做那么多步骤，还可以试试康奈尔笔记法的简化版——"关键知识点记录法"。这种方法把页面分成了左右两部分。我一般习惯把占页面 80% 的"课堂笔记区"放在左边，20% 的"课后关键知识点提炼 + 复习区"放在右边。下面是这种方法的示意图和简单讲解。

"关键知识点记录法"示意图

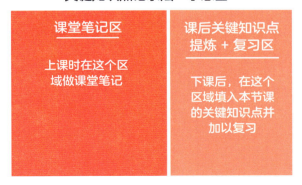

第 2 节　主题分类笔记法

无论是康奈尔笔记法还是简化版的关键知识点记录法，其亮点都在于覆盖了从课堂听讲记笔记到课后归纳和温习的全过程，有助于我们提高对新知识的反刍和内化。不过请你开动脑筋仔细想想，这两个方法有什么不足之处吗？

如果非要鸡蛋里挑骨头，那么用于做随堂笔记的"笔记区"就有待完善，结合上课场景，想想有什么可以优化的点？

通常而言，老师在一堂新课上会讲解不同的内容，即使只围绕单一知识点讲课，也会涉及知识原理、概念介绍、例题讲解等不同方面。在使用康奈尔笔记法时，我们主要按照时间推移的顺序做笔记，即老师讲到哪儿，我们就记到哪儿。

除了基于老师讲解的时间先后做随堂笔记，我们还可以尝试以一节课覆盖的不同内容为线索做笔记，而这也是"主题分类笔记法"的精髓。而且，主题分类笔记法适用于任何科目。比如：

一节数学课的划分法

基本公式定理	延伸变体公式定理
基本公式对应例题	延伸变体公式对应例题

一节语文课的划分法

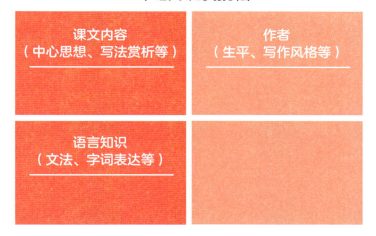

一节外语课的划分法

　　同学们可以在读完本篇后，任意选取一节课做主题划分，在下次上课时尝试主题分类笔记法，相信你们会有耳目一新的体验呢。

第3节　移动笔记法

　　提到记笔记，大多数人的第一反应是"笔记本肯定必不可少哇"，然后不由自主地联想起坐在教室里边听讲边奋笔疾书的情景，又或是阅读时一本书、一支笔、一个本儿，一丝不苟做读书笔记的样子。总之，记笔记 = 郑重其事地做记录。

但其实，做笔记的方法远不局限于康奈尔笔记法、主题分类笔记法。我们总是时刻带着笔记本做笔记，但最应该尝试的，是随时随地通过笔记来巩固日常所学！

"移动笔记法"就是一个更加轻松、灵活的方法。"移动"对应的是英文中"portable"一词，也就是"便携的、可移动和携带的"之意。你可能会问：笔记怎么能"移动"起来呀？这就有赖于记笔记的工具了——便利贴和闪示卡。

便利贴你一定不陌生，那些正方形或长方形的彩色贴纸在文具店、便利店里随处可见。

"闪示卡"的英文是"flashcard"，在西方尤其流行，是几乎每个学生的必备学习工具，它和便利贴的差别在于不带贴胶，主要由学习者随身携带使用（比如放在口袋里）。

移动笔记法相较传统笔记法的一大优势不言而喻：可以携带、可以随时随地查看和使用。另一个优势也很明显——无须耗费过多时间和笔墨做详细记录，只需把涉及知识点的关键词、关键定理等言简意赅地写在便利贴或闪示卡上就可以了！

这个方法既适用于课堂听讲做记录，还能在考前冲刺复习时发挥奇效。当同学们备战重要考试时，需要复习的知识点繁杂琐碎，还经常四散在课本、教辅等各种学习材料里。这时候，你就可以把关键知识点写在便利贴上，再将便利贴贴在醒目区域，比如书桌上、床头柜上或者冰箱门上，之后每次经过时不费吹灰之力就能查看和复习。

想不想看看 LEO 学长在便利贴上做的笔记？

下图（009 页）是我在哈佛宿舍的一面墙上贴了两种颜色的 7 张便利贴，一种颜色对应一门课，记录的是我过去一星期里在"商业战略课"和"创业课"上学到的核心知识点，每天都能轻松查看，可方便啦！

根据对课业内容的掌握情况，我每周平均贴 5 ~ 10 张便利贴笔记，第二周再更换新的贴纸，用于记录和温习新一轮的知识要点、难点。通常而言，我不会让便利贴"过周"。也就是说，前一周记在便利贴上的内容必须在当周结束前理解透彻，绝不拖延到下一周，以致变成"慢性疑难杂症"。

我贴在哈佛宿舍墙上的便利贴笔记

用闪示卡做关键知识笔记的方法略有不同。首先准备好一定数量的闪示卡，随后在卡的正面写下一部分信息，在背面写下另一部分信息。比如，正面记录一个问题，背面写下针对这个问题的标准答案以及所涉的知识点。如果用闪示卡笔记法背单词，就可以在正面写中文释义，背面写相对应的英文单词、音标、词性和例句。最后，把准备好的闪示卡放在书包或口袋里，以便随时拿出来复习、自考。

我高三上学期用十天背完 4000 个难度超大的英语单词时，就买了厚厚两大摞闪示卡，每天睡前抽出 1~15 分钟，把尚未背会的单词一一记到卡上，在之后几天里不断回顾自测，直到完全掌握为止！

不管是用便利贴还是闪示卡，移动笔记法都可以帮我们提高在碎片时间里的学习效率，非常好用。用这个方法，一周也许觉察不到明显变化，但如果能坚持一个月、半年、一年，你一定可以在不知不觉中夯实所学，获得可喜的进步呢！

本课核心方法回顾 *

康奈尔笔记法：

覆盖从课堂笔记到课后复习的全过程，分为以下五个关键步骤：

_____

_____

_____

_____

_____

延伸：关键知识点记录法

主题分类笔记法：

　　根据课堂内容的不同主题、环节、板块，把笔记本页面分成几块（n 宫格），每块笔记对应一个主题。

移动笔记法：

　　将知识点言简意赅地写在便利贴或闪示卡上，再把便利贴贴在醒目的地方，把闪示卡随身携带，以便随时查看。

*在公众号"学长 LEO"（ID：leozheyuanli）回复关键词"核心方法回顾"，可以查看全书这部分的参考答案。

科学复习，夯实完整知识体系

预习和复习，一个是学习前的热身，另一个是学习后的反刍，二者相辅相成，缺一不可。

相较于预习，同学们对复习更加熟悉，主要因为复习是"结果导向"的一件事。即使是再不爱温书的同学，也多少有些"临时抱佛脚"的经历。在我分享自己一直使用的复习方法前，我们先来聊聊复习的重要价值。

复习，绝不仅是临阵磨枪，帮我们在考试中多拿几分那么简单。首先，从宏观角度来看，复习可以帮助我们形成连贯的"知识体系"，把前后的知识点串联起来。其次，定时、高效的复习能帮助我们查漏补缺，及时清除知识盲点。

我们在学习过程中难免出现漏洞，而复习可以帮助我们及时发现自己忽略的、尚未弄懂的知识点。有良好复习习惯的同学，通常能更好地补全知识体系中的各种漏洞。

当然，复习的价值远不止以上两点。学而时习，是最好的强化记忆的方法。我相信很多同学听说过德国心理学家艾宾浩斯提出的遗忘曲线理论，如下图：

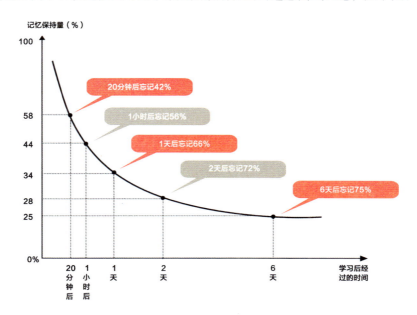

刚记住的内容在一小时过后平均只能保留 44% 不遗忘；两天后，这个保留比例会下降到 28%。可以说，"记了就忘"是人类的普遍规律。为了更好地记忆，我们就需要不断温习、不断巩固大脑对新知识的记忆与理解。

在讨论过复习的重要意义之后，接下来"上干货"——分享我本人一直在用、总能帮我夯实学习基础的几个复习方法。其中一些方法貌似平淡无奇，却是实实在在地有效，建议你读完本篇之后就用起来呀！

第 1 节 分阶段复习法

复习，不该是考前爆肝熬通宵，而应该成为一项平日里不断持续的活动。上完新课后、周末有空时，以及考试前，都该抽时间复习。这也引出了我的第一个复习方法——"分阶段复习法"。

我通常习惯将"复习"拆分成"小复习""中复习""大复习"和"大考前复习"四个阶段进行复习。

小复习

这是频次最高、最日常、最基础的一种复习，需要覆盖的知识量也最少、最零散。通常，我会在每天放学离校前进行一次小复习，具体做法很简单：拿出每个学科当日的课堂笔记，快速回顾一遍笔记要点，有时还会"自问自答"——遮住详细记录区，只根据记在要点区里的关键词考查自己对当日知识点的理解情况。关于如何记笔记、使用笔记进行课后复习，大家可以参考第一章"康奈尔笔记法"一节（003 页）的详细讲解。

每次小复习，我会着重于当日出现最多新知识点的主要科目，每门学科平均花 10 ~ 15 分钟温习即可。在小复习自查过程中，我也会将遇到的盲点、难点及时整理出来，记录在一张单独的问题清单上，之后尽快请教老师解决问题。关于如何请教老师，请大家参考第二章"LEO 学长的'请教老师秘诀'"一节（077 页）的内容。

中复习

这是每日小复习之后的"进阶版"复习，我建议同学们每周进行一次即可。我每周末都会雷打不动地抽出大约两小时（具体时长大家可以视个人情况而定），把每门功课的课堂笔记等所有学习材料拿出来，完整、仔细地回顾一遍，尤其把注意力集中在前一阶段每次"小复习"中出现的盲点、难点上，以确保自己在请教老师、订正错题后已经透彻地掌握了相关知识。在"中复习"中遇到的任何问题，我都会及时记录在问题清单上，在下一周回校上课时尽快请教老师，一一搞懂。

大复习

如果小复习和中复习做得很扎实，那么大复习的负担就会减轻很多。顾名思义，"大复习"是基于前两个阶段日常复习的一次更宏观的总结性温书，我通常会在每个月月末（比如每月最后一个星期天的上午）进行一月一度的大复习，做法和小复习、中复习大同小异：结合前一阶段的课堂所学和课外学习资料，系统地梳理过去数周的所有知识点。因为在小复习和中复习阶段已经很积极地做了日常知识扫盲，大复习通常不会再遇到明显的"瓶颈"。

当然，我有时也会在大复习中为自己加码：结合当前的学习情况，挑选一定数量的课外补充习题——尤其是那些最典型的、涉及了多个知识点的进阶难度大题，掐时间独自完成。在这个加码练习环节，我通常会有意地"自虐"，用最刁钻的难题发现深藏不露的知识弱项和盲点，一一总结好以后向老师请教。如果真的被题目难倒了，我反而会感到喜悦——学无止境，我又发现了自己还没掌握的知识，又获得了进步的机会，这多好啊！

大考前复习

这是分阶段复习法中的最后一环。如果前三个阶段的复习你都严格执行了，那么"大考前复习"就压根儿不会带给你新的负担，因为这一路走来，你一直在努力地边学边温习。考试会涉及的内容，你都已经在平日里扎实地内化好了。从小到大，我几乎没有过考前挑灯夜战的经历。当身边一些同学因为考试而倍感压力，因为复习时发现的各种难题而愁眉不展时，我早就轻松、快速地回顾好了小复习、中复习和大复习时总结的所有要点、难点，然后胸有成竹地合上书，静待第二天的考试了！

第 2 节　关键词串联回忆复习法

复习，是一件高度个人化的事情，最适合自己的复习方法就是最好的方法。当然，大家也不要在复习时总想着标新立异，进而刻意地尝试某些听上去很独特、很"神"的方法。下面要介绍我一直用的"朴实无华"的"关键词串联回忆复习法"。

基于课堂笔记，同学们还可以拿出一张白纸，进行以各个关键词为线索的复习。做法很简单：

第一步，一张白纸对应一个知识模块，在纸上写下所有这个模块里的知识点关键词。

第二步，逐一对照关键词，在不翻教科书、不回看作业的情况下，尽可能多地回忆起与一个关键词相关的知识点，越多、越详细，越好。延伸回忆的具体做法很灵活，大家既可以把所有串联的知识点在关键词旁写出来，也可以仅是在大脑中默想哦！

以"空间与图形"（015 页）这个数学学习模块为例：从这个关键词就能延伸出一整个"知识矩阵"。有哪些知识点能被"串"起来一起复习呢？比如，我们可以先做第一级的延伸，划分出"平面图形"和"立体图形"这两块重要的知识点。接着做第二级延伸，把"平面图形"和"立体图形"分别作为一个新的"关键词"，继续拓展。比如，围绕"平面图形"，我们可以串联复习与正方形、长方形、三角形、平行四边形、梯形和圆形相关的知识，包括它们各自的周长和面积公式；而围绕"立体图形"，我们可以串联复习正方体、长方体、圆柱、圆锥的表面积和体积公式。

"空间与图形"数学学习模块

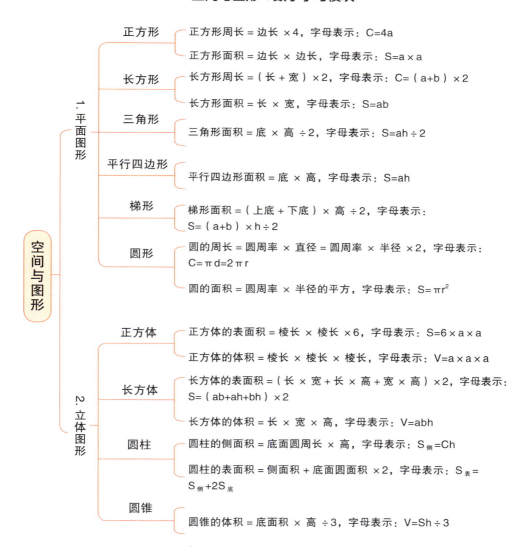

空间与图形

1. 平面图形

- 正方形
  - 正方形周长 = 边长 ×4，字母表示：C=4a
  - 正方形面积 = 边长 × 边长，字母表示：S=a×a
- 长方形
  - 长方形周长 =（长 + 宽）×2，字母表示：C=（a+b）×2
  - 长方形面积 = 长 × 宽，字母表示：S=ab
- 三角形
  - 三角形面积 = 底 × 高 ÷2，字母表示：S=ah÷2
- 平行四边形
  - 平行四边形面积 = 底 × 高，字母表示：S=ah
- 梯形
  - 梯形面积 =（上底 + 下底）× 高 ÷2，字母表示：S=（a+b）×h÷2
- 圆形
  - 圆的周长 = 圆周率 × 直径 = 圆周率 × 半径 ×2，字母表示：C=πd=2πr
  - 圆的面积 = 圆周率 × 半径的平方，字母表示：$S=\pi r^2$

2. 立体图形

- 正方体
  - 正方体的表面积 = 棱长 × 棱长 ×6，字母表示：S=6×a×a
  - 正方体的体积 = 棱长 × 棱长 × 棱长，字母表示：V=a×a×a
- 长方体
  - 长方体的表面积 =（长 × 宽 + 长 × 高 + 宽 × 高）×2，字母表示：S=（ab+ah+bh）×2
  - 长方体的体积 = 长 × 宽 × 高，字母表示：V=abh
- 圆柱
  - 圆柱的侧面积 = 底面圆周长 × 高，字母表示：$S_{侧}$=Ch
  - 圆柱的表面积 = 侧面积 + 底面圆面积 ×2，字母表示：$S_{表}$=$S_{侧}$+2$S_{底}$
- 圆锥
  - 圆锥的体积 = 底面积 × 高 ÷3，字母表示：V=Sh÷3

第 3 节　小组互考复习法

　　虽然大多数时候我都习惯一个人安静地复习，但在读本科时，我也开始尝试"小组互考复习法"。在第一章"LEO 学长的预习全过程"一节（020 页）中我介绍了"LEO 学习小组",而复习时和几位同学一起温习、互考,同样效果极佳呢!

"小组互考复习法"的步骤并不复杂:

第一步,你需要找到 2 ~ 3 个同学组成日常复习小组,这些和你组队的同学应该尽量满足"三个相似":

学习能力与态度相似;

学习动力与习惯相似;

复习日程安排相似。

道不同不相为谋,如果你和成绩、态度等方面都大相径庭的同学搭伙,将很难获得好的复习效果,不是气氛出问题,就是双方实力悬殊,根本没法在同一个频率上"共振"。

第二步,你要和组员们制订一份"团体复习计划",包括碰面时间、地点、复习科目、每次会面的复习安排等。

第三步,在每次小组复习前,你都要提前花一定的时间(比如 1 小时),独自过一遍当周的知识点,边复习边筛选,总结好自己认为最难的问题——包括你已经啃下来,但之后还需温习巩固的硬骨头,还有凭一己之力未能解决的疑难杂症。你带着这份"问题清单"去和小组成员碰面,花 1 ~ 2 小时进行"互考",每个同学轮流出题,在互问互答的过程中不但能够获得帮助,解决自己不懂的问题,也能够通过解答别人提出的问题来夯实基础,有时还能发现之前被忽略的知识盲区。通过组员们全方位、多层次、多角度的互考交流,你就可以把查漏补缺做到极致,不留任何"漏网之鱼"啦!

本课核心方法回顾

分阶段复习法:

杜绝临时抱佛脚, 日常可持续复习。将复习拆分成_____
_____四个阶段性复习, 随时查漏补缺, 避免出现考前
突击的狼狈。

关键词串联回忆复习法:

_____

_____

小组互考复习法:

选择合适的学习搭档组成复习小组, 定期通过提问互考等方
式, 一起清除知识弱点、盲点。

高效预习，是成绩提升的起点

在学校，老师和同学常挂在嘴边的词就是"预习"和"复习"。这两个词大家一定都不陌生，但真正掌握了正确预习和复习方法的同学，却并不多。

对于预习，一些同学觉得完全不必提前了解上课内容，只要上课认真听讲，下课完成作业就足够了。还有的同学即使知道预习有用，却因为偷懒而从不付诸行动，也就无法获得预习带来的各种益处。

求学至今，我见过成百上千个学霸、尖子生，虽然每个人风格各异，但大家的一个共通之处，便是养成了良好的预习习惯，一些人甚至还有"预习强迫症"——我本人也如此。所谓"预习强迫症"，指的是在第二天上课前翻翻书，提前为接下来的学习预热，才会觉得这一天过完了，心中也踏实了。

《礼记·中庸》有言："凡事预则立，不预则废。"用现在的话解释：任何事，如果事先有所准备，就容易成功；如果没有准备，则容易失败。读书学习也是同样的道理。要想在学习中变被动为主动，更充分地吸纳课堂所学，就需要课前"有所准备"，做好预习。

下面，我来和同学们详细分享我最常用到的预习方法哈！

第1节　限制时长专注预习法

首先，每天每门功课的预习时间不宜过长，我的建议是高效无干扰预习15～30分钟即可。

限制预习时长的原因很简单，一是我们的时间毕竟有限，如果预习占用的时间过多，我们用于其他安排的时间势必被压缩，甚至会影响睡觉时间，影响更长期的学习和生活状态。

二是因为预习时间并非越长越好。预习毕竟不是"深度学习"，完全无须面面俱到、锱铢必较。别忘了，上课听讲才是学习过程中的重头戏呢！

另外，我也必须提醒大家，预习一定要安排在完成当天作业和复习之后进行，因为知识点是逐步递进、环环相扣的，只有把前面学过的知识夯实好了，才能为接下来的预习打下牢固的基础。

读小学时，我每天都认真预习，但是花的时间都不多。在上一、二、三年级时，由于课业量和难度都还不大，所以我每天每科花 10～15 分钟做预习——分配给主科语文和数学的时间稍微多 5～10 分钟，自然、美术等副科就相应少些。通过预习，我能初步学会 60%～70% 的新课内容。在上四、五、六年级时，各科课业量和难度均有了一定提升，所以我会适当多分配些时间和精力用于预习，但平均每天每科也绝不会超过半小时。

第 2 节　制定合理目标预习法

上面提到，预习绝非是拿出个把小时的整块时间来"发奋苦读"、靠一己之力深度攻克所有新课知识点。我将预习的核心目的总结为三点：

促进旧知识内化；
与新知识"混个脸熟"；
发现最难知识点。

促进旧知识内化：我们要预习的内容通常是前一课时知识的延续。所以预习的第一要务，当数温习和巩固旧知识，尽量消除遗留的知识盲点、疑难问题，才不至于一头雾水地开始同新知识打交道。

举个简单的例子：

数学课上大家会学习"数的整除"这一块综合知识点，通常我们会首先掌握

"整除"的基本概念，进而学习"约数""倍数"，接着加深难度，进入质数与合数、分解质因数等知识点的学习。在预习后面这些更复杂的概念前，我们一定要先温习、巩固好最基础的与整除相关的概念，才可能"更进一步"，预习更高阶的知识点。

与新知识"混个脸熟"：上面提到，预习绝不是"透彻自学"。预习时掌握100%的新知识，既不现实，也没必要。我建议大家在预习时通读一遍关键的章节、段落，只需先熟悉一下新知识点的"大致长相"，"浅尝辄止"就可以了。

发现最难知识点：预习新课时如果遇到让你觉得理解困难，甚至感到一头雾水的内容，千万不要沮丧、苦恼，这是再正常不过的事情了。此时你应该做的，就是发现和总结最棘手的新知识点，在之后上课时重点听老师的讲解。

第 3 节　LEO 学长的预习全过程

从上学以来，我基本都沿用着同样的预习实操方法，可以总结为"预习前极速复习""抽象＋具象混搭"和"动笔之后再听课"三个关键动作。

预习前极速复习：读过上面两部分内容后，大家应该已经明白了这个方法的含义。每次预习前，我都会通过完成前一课的家庭作业、快速回顾前一课的课文、讲义等材料来巩固对"最近的旧知识"的理解和运用。"快速翻书温习"这个步骤通常会占我预习总用时的四分之一（比如计划预习 20 分钟，那么我就先抽出 5 分钟左右来回看前一课时的核心内容）。

抽象＋具象混搭：这个动作该如何理解呢？很简单：在学数学时，我们一定会遇到大量的公式定理，它们由不同的字母和数字组成，同学们第一次看到时会觉得陌生抽象，甚至感到"脑壳蒙蒙的"。我在预习数学内容时为了防止被这些抽象公式搞晕，一定会把它们放进相对应的具体例题中，将抽象公式和具象习题混搭起来去阅读，完成初步理解，这样难度就会降低许多。

动笔之后再听课：我是一个热衷于边学习边动笔的人——精读时动笔做笔记、

做书摘、写书评，请教老师时带好一支笔、一个本子，实时记录、总结。在预习时也不例外。每次预习前，我都会备好两种颜色的笔，一支黑色，一支红色。

具体的操作方法很简单：预习时已经能基本弄明白的知识点用黑笔在旁边打一个钩，或者做一行简单的批注，旨在提示自己：嗯，这部分问题不大，我差不多搞懂了，上课时只需要跟着老师的讲解再顺一遍，就稳稳的了。

而红笔的作用更大，我用它来标注预习后仍存在疑惑，或者压根儿没弄懂的知识点。换句话说，这支红笔是用来帮我拎出所有"硬骨头"的。所谓"存在疑惑"的知识点，是指任何我还能提出疑问、在看具象习题时无法凭一己之力彻底读懂的新课内容。如果自己对一个知识点还有哪怕毫厘的不确定、不熟悉，我都会用红笔把它标出来。

另外我想提醒的是，预习时要杜绝想当然，不要轻易地觉得"读了一遍大概懂了"便意味着掌握了一个新知识点，其实不然。读懂了，并不代表你会运用了，做作业时可能仍会卡壳。所以，最稳妥的做法便尽可能用红笔标出理解难点，在上课时着重听讲，力求彻底学会。

LEO 学长在哈佛商学院攻读 MBA 的时候，每天的课前阅读量都较重，有时甚至还会超过 200 页正反面 A4 纸。除去上课、写作业、日常作息和活动社交，我留给预习和课前阅读的时间经常捉襟见肘。所以在哈佛，我还和两位志同道合的同学组成了长期的课前预习小分队，并将其命名为"LEO 学习小组"（The LEO Study Group）——因为三位成员的英文名首字母分别是 L（LEO，我自己）、E（Edward）和 O（Oscar）。在课前阅读量很大（比如总数超过 150 页），而小组任何一位成员又因为求职、学生活动等事项忙碌不堪的上课日，我们会提前对需要预习和阅读的材料进行分工，大家分头完成自己负责的章节，并根据定好的统一格式提炼预习难点问题、整理预习笔记，在上课前一天的晚上和小组成员分享。

有同学可能会问：你们这样做真的可以吗？老师会不会反对？

当然不会。实际上，许多哈佛教授都鼓励学生自由组成学习小组或预习小组，互帮互助、共同攻克课业任务。哈佛商学院的教务处甚至要求每位 MBA 一年级学生在第一学期加入一个固定的学习小组，在课前一起学习、研讨。

本课核心方法回顾

限制时长专注预习法：

_____

_____

制定合理目标预习法，关键目的有三点：

_____

_____

_____

LEO 牌实操预习法：

预习前极速复习：_____

抽象＋具象混搭：_____

动笔之后再听课：_____

轻松记忆，更快、更牢地掌握知识点

如何提高记忆力？

面对必须背诵的内容，怎么都记不住，该怎么办呢？

如何又快又好地把东西记牢、记熟呢？

好不容易记住的内容，转眼就忘了，又该怎么办呀？

在古诗词、历史事件，或者数理公式的记忆上，不少同学都曾遭遇上图中这些烦恼。

有些同学在考前临时抱佛脚，抓耳挠腮地抱着书死记硬背，到了考场发现题目似曾相识，答案却怎么也想不起来。

有些同学背单词，完全就是举起书一个一个机械地往下背，背到一个词就重复读几遍，比如"apple，apple，苹果，苹果，apple，苹果"，然后就觉得大功告成了。结果过一会儿再看，发现基本忘光了！因为一而再，再而三地记不住，不少同学就进入了自我否定的恶性循环，最后甚至放弃了。

事实上，我们绝大多数人（当然也包括 LEO 学长自己😊）都不是天才，做不到过目不忘是很正常的。不过，记东西虽然着实令人头大，但如果掌握了好方法，就能事半功倍。一旦把知识点记牢了，无论如何都别因为畏难而轻易放弃，知道吗？

从小学一年级到哈佛硕士毕业，我记了将近二十年的知识点，从数量上来说，可以说是海量了。背东西有意思吗？实话实说，当然不好玩啦！但面对枯燥的记忆任务，我总会提醒自己：咬牙顶住，绝不退缩。

同时，LEO 学长还总结了能让记东西不那么"难熬"的三大关键：

第一个关键，要努力把记忆过程趣味化，加入一些生动和有趣的元素。只用眼看、用嘴念是非常枯燥的方式！

第二个关键，把表面看上去散乱无规律的东西努力串联起来，变个体为整体，做有规律的整块记忆。

第三个关键，尽量借助自己已经熟悉、知道的内容去记忆新知识点，以旧带新。

下面，我就基于这"三个关键"，逐一讲解自己最习惯使用的五大记忆法。

第 1 节　多感官刺激记忆法

多感官刺激记忆法，就是同时动用我们的多种感官，比如视觉、听觉和嗅觉等来进行记忆。

也许你会问，记东西为什么还要用到听觉甚至嗅觉呢？和这些感官有什么关系呢？其实，当多种感官齐发时，大脑受刺激的效果会显著增强，记忆中枢能获得更充分的调动。

作个"简单粗暴"的类比：某个夏日午后，你热得汗流浃背。如果这时让你喝一杯冰可乐，你肯定会觉得解渴，但可能还是觉得热。而如果让你一边喝冰可乐，一边在凉爽的空调房里坐着，你一定会感到更加舒爽，解暑也更加彻底，因为这时你的皮肤（触觉）、味蕾（味觉）同时在感受凉爽。

同理，回到记忆这件事上，以背单词举例：如果你只是用眼睛盯着新单词记忆，相当于只刺激了视觉区域，无法对大脑形成足够刺激，达不到很好的记忆效果。在背单词时，一定要动用自己的听觉。具体做法有两个：一是在碎片时间里戴上耳机，听单词音频；二是尽量抽时间做单词听写练习。比如，你现在要背小升初考试的核心单词，那么请一定选择配有音频的单词书，每天确保至少听三次音频，并且，LEO 学长建议你把这三次拆分成"1+2 次"。

"1+2 次"是什么意思？别急，让我接着为你介绍。

"1+2 次"记忆法

"1+2 次"中的"1"，指的是在背新词的当天就要同步听录音。在开始背诵新词前，至少先完整地听一遍新词的音频，听的同时浏览对应的新词，建立对这些词最初的印象。背诵到具体某个词时，如果时间允许，可以再听一遍与其对应的录音。把当天所有新词都背完后，再完整地放一遍音频，一个词一个词地听下去，听的时候尽量不看书，要快速拼读出单词。如果某个单词卡壳了，就重听一遍那个单词的音频，再次尝试记忆，直到熟练为止。

"1+2 次"中的"2"，指的是一天结束前至少再利用两段碎片时间，听两遍当天的任务单词音频。比如，你可以在中午吃饭时听一遍，在晚上睡前再听一遍。你在听的时候仍然要逼自己同步拼读单词哦，遇到没记住的词就立即回到文本再背一遍，直到记牢为止！

听写练习记忆法

另一个记忆的好方法，是做听写练习。如果时间有限，你可以把听写和纯听单词音频结合在一起，听的时候就准备好小本子，同步听写。如果时间充分，你还可以每天抽出 15 ~ 20 分钟专门做一次听写练习，遇到拼不出来的词就快速地回到书本进行二次记忆和复习。

除了听觉，我们还可以调动嗅觉和味觉呢！比方说，背"chocolate"（巧克力）这个单词时，也同时吃一小块巧克力，边嚼边记，当再次吃到巧克力的时候就更容易回忆起这个单词，或者在看到"chocolate"这个词时就想起了当时吃巧克力的味道。怎么样，这个方法是不是很妙？不但解了馋，还加深了记忆，简直两全其美，有没有？

说来有趣，在所有和水果有关的单词里，除了 apple 和 banana 这样的常见词外，我记得最牢的当数"durian"（榴梿）这个词。为什么呢？因为我上小学三年级时，父亲有次到马来西亚出差，顺便带了当地的冰冻榴梿回家。我在品尝这种味道独特的水果时，妈妈在一旁笑着说："知道榴梿的英语怎么说吗？durian，durian，durian……"

一边是"上了头"的又臭又香的榴梿滋味，一边是妈妈清亮的英语复读，从此以后，我对 durian 的印象就深刻啦！

第 2 节　缩略词记忆法

我常用的第二个记忆方法叫"缩略词记忆法"。可能不少同学对缩略词记忆法耳熟，但几乎没用过，那么不妨在读完下面的介绍后就试一试吧！

当我们需要记忆一个系列的知识点时，不要马上开始从头到尾、逐字不差地记忆完整内容，而是把这个知识系列拆分成若干个片段，或者说是"关键元素"；接着，把这几个关键片段的元素组成一串缩略语。我们首先把缩略语记熟、记牢，再通过这串缩略语，以点带面地记好全部内容。之后，每当我们看到这串缩略语时，就能根据关键元素，逐一回忆起所有内容了！

咦，听上去怎么有点抽象？没关系，一起来看下面两个例子，你就能秒懂咯。

例 1：

同学们在语文或历史课上会学到"唐宋八大家"这个知识点。唐宋八大家指的是唐代和宋代八位颇具影响力的散文家或词人，包括唐代的柳宗元、韩愈，以及宋代的苏轼、苏洵、苏辙、曾巩、王安石和欧阳修。乍看这些名字不像张三李四王五这般朗朗上口，好像有点难记住啊，怎么办？这时候，大家就可以用缩略词记忆法来辅助记忆。来，试试把这八位先生总结为以下口诀：

唐宋八大家都有谁？一韩一柳一欧阳，三苏曾巩带一王。

把他们的姓氏串联起来，再通过姓氏来逐一忆起全名，难度瞬间降低了不少！

例 2：
大家在地理课上学习我国的行政区划时，需要背诵省、直辖市和自治区的名字，共 34 个。34 个，可真是有点多哇！特别容易漏记、错记，对不对？来，我们再试着用缩略词记忆法把所有省、直辖市、自治区串联成顺口溜进行记忆：

两湖两广两河山
五江云贵福吉安
四西二宁青甘陕
还有内北重上天
千万别漏港澳台

比如第一句"两湖两广两河山"，就是指湖北湖南、广东广西、河南河北和山东山西这八个省份；而"五江云贵福吉安"则包括江苏、江西、浙江、新疆（疆的发音同"江"）、黑龙江这五个名字里带"江或疆"的省份和自治区，以及贵州、福建、吉林、安徽四省。这样记忆，是不是就容易多了呢？

现在，你也开始试试吧！

第3节 联想记忆法

我要分享的第三个记忆方法叫"联想记忆法"，和缩略词记忆法一样，也是你可能听过却没真正用过的一种方法。联想记忆法主要包含以下几种最重要的分类和用法，且让我一一介绍。

接近联想

接近联想，就是利用相互接近的事物进行联想和记忆。在记忆一个知识点的时候，自然联想起和它有相同或类似属性的另一个相近的知识点。这样一来，我们就将片面知识的单个记忆变成了多个知识的立体记忆，从而显著提高了记忆范围与效率。

知乎平台的记忆力大 V 馨月老师就分享过"用接近联想记忆法记历史事件"，我后来也在参考使用。举个例子，当你学习我国汉朝历史、了解大汉王朝的强盛时，就可以思考一下，同时期，世界其他地方是否存在和汉朝相当的强大国家呢？这时候，你就可以联想到罗马帝国。通过汉朝想到了罗马，它们都是伟大的王朝帝国，这就是重要的相近属性。从汉朝联想到罗马帝国还没完，我们还能继续延伸，想想这两个国家为什么在几乎同一时期变得如此强大？当时各自发展与崛起的背景是什么？两个国家都发生过哪些大事件？它们兴盛的共同因素是什么？等等。

从这个例子就可以看出，接近联想不但可以跨时间和空间以点带面，还非常有助于拓宽知识面，从整体记忆的过程中提炼出共同的基本特征与属性，从而加大学习的广度和深度。

相似联想

相似联想和接近联想虽然听上去很像，却有本质的区别。相似联想，主要是通过联想一个看上去相近的具体图像，来记忆一个新知识点。

举个很好理解的例子：当你记忆中国地图时，如果生硬地去记哪座山在中国的哪个区位、哪条河流经什么省，可能不太容易记住。但如果你把中国地图联想成一只雄鸡，鸡冠对应了什么省份，有哪些山川河流；鸡尾是什么省份，有哪些重要的城市和名胜古迹，这样记忆起来是不是就容易多啦！类似地，你还可以把意大利的领土形状联想成一只靴子，把日本的领土形状联想成一条蚕或一只海马，把伊朗的领土形状联想为一顶草帽……

所以，相似联想的精髓是把抽象陌生的新事物生动化、具象化，通过联想自己熟悉的形状、图像来达到降低记忆难度的目的。

归类联想

第三种联想记忆方法叫"归类联想"，这个其实也不难理解。俗话说"物以类聚"，我们在记忆新事物的时候，可以把它和相同类别的东西捆绑起来，统一记忆。举几个很简单的例子：你在吃牛油果的时候，可以想到，牛油果是一种原产于海外的热带水果，然后顺便联想记忆类似属性的热带水果，如百香果、榴梿、山竹等。

联想到这几种美味的水果，是不是肚子都要咕咕叫了？哈哈，再忍一小会儿，跟 LEO 学长学完下面这一节之后再去休息，怎么样？

第4节　晨起 / 睡前记忆法

第四个很好用的记忆方法，我把它叫作"晨起 / 睡前记忆法"。这个方法其实并不是教大家怎样去记忆，而是教大家如何选择记忆新知识点的最佳时间段。

基于过去多年的亲测，我可以很有把握地说，在早晨起床和晚上睡觉前，你如果能用 15 分钟到半小时的时间记忆新知识点（比如背古诗词、背单词），通常能收获更棒的记忆效果！

大脑经过一夜睡眠，在早晨起床时往往处在最清醒的状态（前提是睡眠质量过关，你前一晚睡得不错），我把这种状态称为"3R 状态"（ recharged、refreshed 和 renewed 的简称）——充电满格的、完全新鲜如初的状态。这个时候记东西不容易犯困，记忆效率也更高。而晚上睡觉前，虽然身体已经累了，但如果可以咬牙克服困意记忆几个知识点，第二天起床后就仍能记住相当一部分内容——因为在睡眠状态下，大脑几乎不受干扰，所以睡前刚"喂给"大脑的东西就不容易被遗忘了。

我从小就善于利用这两个记忆的黄金时间段来"背东西"。比如在记英语单词时，我会特意把字母多、发音较难的复杂词汇整理出来，在吃早餐时边听音频边快速记诵 10 分钟。等晚上所有课业任务完成之后，再拿出单词小本本配合着音频复习一遍，接着洗漱睡觉。等第二天起床后再做温习时往往会发现：嘿，昨天清晨和睡前背的单词，大多已经清晰地印在了脑子里！

又比如背诵古诗文。我小时候酷爱唐诗三百首，但即使对古诗文兴趣浓厚，全部扎实熟背也绝非易事。为了更快、更好地记下那些经典诗句，我时常会在晨起洗漱后打开古诗书，站在阳台上聚精会神地背上一两首，然后吃早饭、上学；待晚上入睡前再次翻开书本记诵几遍加深记忆。

"晨起—睡前"双时间段的记忆习惯总能带来很棒的效果，几乎从未令我失望过。学弟学妹们不妨从今天开始就试试看。

第 5 节　故事串联记忆法

最后要介绍的记忆方法听上去有点"酷"，叫"故事串联记忆法"，也是我需要短时间记忆零散知识点时经常会用到的方法。

前面说过，机械地硬记独立知识点难度大，遗忘率也高，因为独立的知识点缺乏上下文的背景信息参照。但如果我们把每个知识点的"零件"都串联起来编成一个小故事，把它们放到有上下文的语境中，就仿佛给了这些知识点生命，让它们变得更生动具象，也更好背了。

我们一起来看下面的两个小例子。

在语文课上，同学们会学到"四书五经"这个知识点，指我国历代儒家学子研学的核心经书，包括《孟子》《论语》《大学》《中庸》这"四书"和《诗》《礼》《春秋》《易》《书》这"五经"。若想快速准确地记下这九部经典，大家就不妨试试"故事串联记忆法"，把书名编成下面这个小故事。

四叔（书）猛（《孟子》）抡（《论语》）大（《大学》）钟（《中庸》），武警（五经）诗（《诗》）里（《礼》）存（《春秋》）遗（《易》）书（《书》）。

这个故事虽然有点"怪里吧唧"的，但是我们不必纠结故事编得好不好、在不在理，即使情节有点诡异也没关系！只要你能通过这个故事把所有需要记忆的信息串联起来，让它们在上下文中变得生动好记，那么降低记忆难度、提高记忆质量的目的就达到了。

我们再看下面这个例子。

同样是在语文课上，我们会学到作家老舍的几部作品，包括《茶馆》《骆驼祥子》《龙须沟》和《四世同堂》。这时，故事串联记忆法也能派上用场。

老舍把他的房子改成了《茶馆》，还告诉《骆驼祥子》不要去《龙须沟》，要回家过《四世同堂》的日子。

怎么样，用一个短小精悍的故事把几个书名串联之后，记忆起来是不是就容易多了？

本课核心方法回顾

高效记忆的三大关键点

第一大关键:＿＿＿＿＿＿＿＿＿＿＿＿＿＿＿＿＿＿＿＿＿

第二大关键:＿＿＿＿＿＿＿＿＿＿＿＿＿＿＿＿＿＿＿＿＿

第三大关键:＿＿＿＿＿＿＿＿＿＿＿＿＿＿＿＿＿＿＿＿＿

LEO 学长亲测好用的五大记忆能效提升方法

多感官刺激记忆法:＿＿＿＿＿＿＿＿＿＿＿＿＿＿＿＿＿

缩略词记忆法:＿＿＿＿＿＿＿＿＿＿＿＿＿＿＿＿＿＿＿

联想记忆法:＿＿＿＿＿＿＿＿＿＿＿＿＿＿＿＿＿＿＿＿

晨起 / 睡前记忆法:＿＿＿＿＿＿＿＿＿＿＿＿＿＿＿＿＿

故事串联记忆法:＿＿＿＿＿＿＿＿＿＿＿＿＿＿＿＿＿＿

掌握速读，更快获取关键信息

学会速读，更快获取关键信息。

我们这一生都离不开阅读，不管你喜不喜欢读书，都几乎逃不掉"活到老，读到老"的命运。掌握了高效好用的阅读方法，就能避免做诸多无用功，从而事半功倍。

而阅读前要做的第一件事，就是必须明确此次阅读的目的是什么，而阅读目的不同，最优阅读策略也将有所不同——我习惯把阅读方法分成两大类：速读和精读。

速读，顾名思义，就是快速阅读，或者说在较短时间里迅速完成一项阅读任务。什么时候我们应该速读呢？如果你只想从一本书中获取片段知识与信息，而非深度探究，那么通常只需速读即可。比如，在写一篇调查小论文时，你更需要做的是快速阅读若干本书，从每本书里找到相应支撑或反驳你论点的资料。

精读是速读的进化版，需要花时间潜心阅读，读得精、读得深。什么时候我们应该精读呢？通常，当需要全面深刻地掌握一本书的精华和要点时，我们就该精读。如果选择速读，则很难把一本书读透。

在这一篇里，我将介绍自己结合多年阅读经验提炼而来的"LEO 原创速读法"，希望能帮助同学们提高速读效率啊！

【课前准备】确定速读素材

首先，从宏观方法论来看，如果想在短时间内又快又好地完成速读任务，阅读素材的选择与规划十分重要。

假设我们有一个月的空闲时间，想在此期间多速读几本好书。此时的最佳策略并非东读一本、西读一本，今天读读艺术史，明天又看看人物传记，而是选定一个领域进行集中阅读，英文叫作 concentrated reading。

为什么要这么做呢？

譬如，在课外自主学习活动中，你要做一个关于"神奇古生物"的课题探究，也因此需要在短时间内专门速读和这个主题有关的书。在老师的指导下，你选出了五本和古生物有关的书，接着逐本进行速读。也许读第一本时，你还对这个领域感到陌生，对涉及的不少知识点一头雾水，但当速读到第二本时你会发现，咦，好像一些内容不再晦涩了。比如此时你已经能对白垩纪、三叠纪、侏罗纪等不同时代的异同点脱口而出，也已经知道了古无脊椎动物和古脊椎动物的代表生物都有哪些，比如三叶虫、菊石、始祖鸟、猛犸象等。等读到第三本时，你觉得熟悉的内容进一步增多，读到了第四本、第五本呢？也许一大半以上的内容对你来说都是"老朋友"了，读起来自然会轻松不少。

总结一下，提高速读效率的一个好方法，就是把同类型的书放在一起读。因为这些书同属一个领域，所以内容上一定有重合的部分，你可以在速读完第一本之后趁热打铁进入第二本，由此一来，阅读效率就会提高不少。

如果你还有点不明白，不妨这样理解：因为我们的大脑对熟悉的和完全陌生的知识接纳能力是不同的，当你看到熟悉的内容时，你的阅读速度和理解能力都会自动提高。因此，为了提高速读效率，最好在某个时间段集中突击同一领域的书籍。

第 1 节 "规划、执行"速读法

下面开始讲解更微观的，也是我本人一直在践行的速读方法。归纳起来，就是"规划、执行"速读法。

首先来讲规划，也就是制订一个速读任务的计划。在做规划之前先问自己：这次速读，我是为了快速掌握一本书的总体思想，还是只需要了解某个章节的关键论点即可？

以 LEO 学长写的另一本书《不如去闯》为例，你是想了解我过去十年求学的全过程，还是只需要参考我在大学后的第一段工作经历？如果是前者，那么只读和求学经历有关的章节就可以了。

确定了任务范围以后，我们该如何制订这个速读计划？很简单，只需要用两条信息，做一道低年级小朋友们都会的算术题便可。这两条关键信息，一条是本次速读一共需要完成多少页，另一条是希望在多长时间内完成这次速读任务。

随后，用前者除以后者，得出单位时间的速读任务量。比如，你需要完成 300 页的速读，一共给自己两天的时限，那么单位时间速读任务就是 300/2=150 页 / 天。

你还可以划分得更细些。比如，每一天你计划花两个半小时做速读，那么以小时计的单位时间速读量就是 150/2.5=60 页 / 时，也就是 1 分钟 1 页了。

规划完成，我们立即进入第二个步骤，也是最重要的步骤：执行，读起来！

首先，我建议大家选择一个鲜有干扰的环境坐下来，比如图书馆、自习室或者书房。

根据我的经验，速读对大脑的瞬间理解能力要求颇高，如果周围环境比较嘈杂，就会严重降低速读时的理解吸收率呢！

我曾经试过在嘈杂的咖啡店速读一本马克思哲学主题的著作，结果读懂的部分竟然不到 20%！同样一本书，在安静的自习室速读时，理解率瞬间提高到 60% 以上。

选好了环境，接下去便是严格按照第一步计算出来的单位时间阅读量开始速读了——注意，我用了"严格"这个词。速读时，请尽量绷紧神经，避免分神懈怠。

为了增加紧迫感，我经常会设置计时器。计时的设置，我一般会依照之前定好的单位时间。可能有人会问，这个单位时间肯定不能太长吧？比如一个小时就有点长了，到后面肯定容易脑力不支的。

我通常会使用"番茄钟工作法"。番茄钟工作法是一个广受同学们青睐的效率提高方法，我在后面第二章的"番茄钟工作法"一节（098页）做了详细讲解，同学们可以提前阅读一下。

简单来说，通过番茄钟工作法，我们可以将一项任务划分成几个"番茄工作区间"，每个区间时长 25 分钟。比如，需要完成两个半小时的速读任务，我们就可以将其划分成 150 分钟 /25 分钟 = 6 个番茄钟。

速读任务开始的同时，第一个 25 分钟番茄工作区间的计时也就开始了。在此期间，只能做一件事——速读，不能走动、玩手机和做其他分心的活动，直到 25 分钟闹铃响起，第一个番茄工作区间结束。

然后你可以暂停速读，起身休息 5 分钟，做一下伸展运动，或者喝点水、吃点零食、去下洗手间等，但尽量不要玩手机，因为这样做没法让大脑休息和放空，还会影响下一个番茄钟里的速读状态。

休息结束后马上回到原位，开始第二个 25 分钟的番茄工作区间，继续速读任务。如此循环下去，直到彻底完成速读任务为止。如果自感脑力和体力跟不上，你可以适当延长每个番茄钟之间的休息时长，也可以在第三个或第四个番茄钟结束后，给自己一个比较长的休息时间（20 ~ 25 分钟）。

第 2 节　快速转眼速读法

那么在番茄钟工作法的框架下，具体要如何进行速读呢？下面，我将详细介绍 "LEO 牌速读四大法" 之一——快速转眼速读法，提炼关键句，捕捉主题句。

这个方法由三部分组成，"快速转眼"是做法，"提炼关键句"和"捕捉主题句"是目的。

快速转眼

快速转眼指的是在速读时，不要让自己的眼球在任何词句上停留太长时间，而是要一行行快速扫视下去。

小学一、二年级时，我们认字不多，阅读速度慢，有时还得用手指着书上的字，一个个念过去，这样读书自然特别慢。要想熟练速读，就必须学会快速转眼、扫着读，要努力养成以完整句子为单位的整体速读习惯，尽量避免逐字阅读、默读时动嘴念等一些会降低阅读效率的做法。

在速读时，切忌因为某个词句比较晦涩，一下子没看懂，就停滞不前，反复阅读，而是要强迫自己继续往下看，眼球的转动不能停。

上面说到，快速转眼扫视阅读是做法，而这样做的目的就是提炼关键句，捕捉主题句。

提炼关键句

有同学会问，要如何锻炼快速转眼扫视阅读的能力呢？方法并不少。我自己试过的既简单又有效的一个办法，是借用卡片或者PPT来展示词组、句子、句群等，在规定时间内快速完成对一段话的扫视阅读，尽可能抓到关键词、关键信息。

我们现在一起做个简单练习，在3~5秒内读完这一小段话：

白求恩同志是加拿大共产党员，五十多岁了，为了帮助中国的抗日战争，受加拿大共产党和美国共产党的派遣，不远万里，来到中国。

5，4，3，2，1——好，时间到，不能再看了。现在，请你快速告诉我：
这段话的关键信息是什么？
在扫视这段话的过程中，你也许抓住了由几个关键词构成的关键信息：
白求恩为帮助抗日战争，来到中国。

经过一定量的快速转眼训练后，我们速读时看到的将不再是单个字词，而是完整的句子，逐渐适应以语段为单位的阅读方式。

捕捉主题句

接下来，我们再来了解快速转眼的第二个目的——捕捉主题句。

在开始第一个番茄钟速读区间前，我一定会快速翻阅本次任务下需要速读完的所有书页——用上面介绍的快速转眼扫视法，捕捉所有待读内容的关键信息，尤其着重扫过每个段落的前两句话。

这些段落的开头句，也就是"主题句／主旨句"，或者"信号句"，在英文里常被称作 topical sentence 或者 signal sentence。主旨句往往是一篇文章的中心句或主题句，起着引出文章关键论点，甚至概括全文中心思想的作用。这么说可能有些抽象，就以我写的第一本书《不如去闯》中《读一所名牌大学，到底有什么好的？》这篇文章的节选为例：

> 耶鲁的教授们，是一群实力引领学术界，影响力延至政商、文艺等各个领域的牛人。大学四年里，我有幸跟诺贝尔经济学奖获得者罗伯特·施勒教授学习"金融市场理论"，同摩根士丹利亚太区前首席经济学家史蒂芬·罗奇教授讨论中国未来的经济走势，向著名的耶鲁大学投资办公室首席投资官大卫·斯文森教授讨教投资秘诀。除了上课时能近距离接触传说中的各种"人物"，我还有幸和教授们在生活中切磋交流……

这段话的主题句一目了然，其实就是第一句话——"耶鲁的教授们都是牛人"，后面的几句话都是案例，用以解释耶鲁教授们到底如何牛。

大家千万别小看段落开头的这一两句话。我上面说到，这些句子经常是对整个段落，甚至是之后几段内容的高度概括或总起，不可忽视。

如果你读懂了主题句、信号句，就对一篇文章有了初步概念，大体知道了每一个段落在讲什么、包含了哪些论点，也能基本判断出哪部分内容相对重要、哪部分次重要。

对要速读的文字有了初步印象后，速读起来就不容易云里雾里了。我通常在"快速转眼，捕捉主题句"这个环节不会超过三分钟，除非章节十分冗长。

【课间加餐】判断内容重要性的速读方法

有人可能会问：为什么要判断每部分内容的相对重要性呢？从头一直读到尾，不就好了吗？但大家不要忘了，速读时通常有时间限制，在快速扫视阅读的过程中，如果可以把更多注意力放在相对重要的段落上，就更容易捕捉到文章的核心论点，提高对整体内容的理解。

那么，在判断内容的相对重要性时，有规律可循吗？根据多年的速读经验，我总结出以下两点。

第一，从文字位置上来说，一篇文章最开头的部分，更可能是次重要，也就是"不太重要"的内容，因为多数时候只是在交代背景信息，尚未开始阐述关键论点，而文章的中间偏后部分（有时会延伸到结尾段），通常是相对重要的部分，包含了所有关键论点和信息。

第二，如果某部分文字还穿插有列表、图片、引述等辅助内容，就很有可能是较为关键的内容，大家尽量不要忽略啊！

我们现在通过一个具体案例来理解这两个规律。

以下文字节选自我曾写的一篇文章：《凌晨四点半的哈佛图书馆，真的灯火通明吗？》。请先速读一遍全文。

在查资料时，我发现这几年网上也零星出现过针对这个话题的"辟谣帖"或"确认帖"，但多为游客或短期交换生的随意分享，表述并不算严谨。

通过这篇文章，我希望给所有关注"哈佛凌晨四点半图书馆"的朋友一个可信、完整和正式些的答案。

就当我坐在哈佛最大的怀德纳图书馆（也是世界藏书量第一的大学图书馆）

写这篇文章时，还有同学在微博上发私信询问：LEO，我就想知道，凌晨四点半的哈佛图书馆是不是真的灯火通明啊？

来哈佛前，我在微博上问大家最想知道关于这所大学的哪些事。结果，不少同学请我"验证"哈佛图书馆凌晨的景象。

这令我始料未及。我本以为，大家最关心的理应是哈佛最牛的教授、最受欢迎的课，以及这里的学子是如何学习的。

在耶鲁读本科时，我第一次从网上看到题为《哈佛凌晨四点半图书馆》的文章。那是一篇被疯转的、言之凿凿的阅读量超过10万的火文，至今还时不时地在微博和朋友圈里蹦出来唬人。

"凌晨四点多的哈佛大学图书馆里，灯火通明，座无虚席……"

文章里附了"灯火通明，座无虚席"的图书馆照片，还罗列了哈佛的"校训"和"箴言"，可惜每句英语都千疮百孔，语法错误连篇，令人不忍直视。

而那些错句也让我对文章的真实性不以为然。再者，耶鲁和哈佛是两所很相似的大学，我熟悉的耶鲁学生可没使那么大的蛮力学习，哈佛同学又怎可能如此刻苦呢？

但抱着对大伙儿负责任的态度，我还是决定到哈佛做一次不含糊的尽职调查。出发前，我百度了"哈佛凌晨四点半"，搜索结果让我吃惊——原来市面上已经有了以这个词组命名的励志书，还不止一种，销量也很不错。图书的百度百科里更有一段雷人的描述：

哈佛的学生餐厅，很难听到说话的声音，每个学生端着比萨和可乐坐下后，往往边吃边看书或边做笔记。很少见到哪个学生光吃不读，也很少见到哪个学生边吃边闲聊。

在哈佛，餐厅不只是一个可以吃东西的图书馆，还是哈佛正宗100个图书馆之外的另类图书馆。哈佛的医院，同样宁静，同样不管有多少人在候诊也无一人说话、无一人不在阅读或记录。

医院仍是图书馆的延伸。哈佛校园里，不见华服，不见化妆，更不见晃里晃荡，只有匆匆的脚步，坚实地写下人生的篇章……

我不知这真的是书中节选，还是百科撰写者的大胆创作。但我相信，稍有点常识的人都能看出这段话就是个玩笑吧。到医院候诊时都"无一人说话、无一人不在阅读或记录"——他们还是人吗？

言归正传。夏末初秋时，我抵达哈佛，办完入学手续后，便准备全面系统、深度客观地把凌晨四点半的哈佛图书馆真相查个水落石出，给大家一个靠谱的解释，消灭一切甚嚣尘上的臆断猜测。

我的尽调由三部分组成：

1. 哈佛官网资料查询；
2. 哈佛学生现身说法；
3. 哈佛图书馆实地走访。

1. 哈佛官网资料查询

我首先访问了哈佛大学图书馆官网（library.harvard.edu），在首页点击进入"Libraries/Hours"（图书馆／开放时间）栏目。

"Libraries/Hours"页面显示了哈佛 80 座大小图书馆的基本信息，其中就包括"Today's Hours"（今日开放时间）。

下拉页面逐一查看，发现几乎所有图书馆都在零点前闭馆，只有 Lamont Library 的开放时间是"24 小时"，这是位于哈佛庭院（Harvard Yard）的一座本科生喜欢去的图书馆。

为保证足够严谨，我又继续点击了"Library Hours by Week"（按周显示的图书馆开放时间）这个栏目。这么做的理由是什么呢？因为我想看一看期末考试期间，图书馆的开放时间是否会为了方便学生复习而延长。

12 月初到中旬是哈佛大学各院系的期末考试周。我将时间调到 12 月 4 日到

10 日，再次查看各图书馆的开放时间。然而并没什么改变。Lamont Library 仍是列表显示的唯一 24 小时开放的图书馆。为避免漏看错看，我专门在页面上查找"24hr"这个关键词，结果全页面只有 7 个"24hr"，均出自 Lamont Library，其他图书馆最晚只到零点就闭馆了。

结论：根据官网信息，大多数哈佛图书馆都是"今天开门，今天闭馆"，只有 Lamont Library 一家"灯火通明"。所以，哈佛学子若想在凌晨四点半的图书馆里发奋苦读，就基本只能去 Lamont Library 了。

2. 哈佛学生现身说法

想到文字信息和实际情况可能有出入，我在哈佛校园不同区域和院系随机采访了 30 位在校生，覆盖不同种族，既有刚入学的大一新生，也有已在哈佛苦读多年的博士生。以下摘选是最具代表性的几个回复。

问题：你经常在哈佛的任何一家图书馆学习吗？你通常学多久？你是否会在图书馆熬夜到凌晨，比如凌晨四五点钟？

回答 1（哈佛本科大二学生 Jessica）：我每天都去 Lamont Library 学习，基本学到十一点多就回宿舍了。我每天至少需要睡六小时，不然大脑会没法工作（笑）。我十一点多离开时，图书馆里的人通常就很少了。我不清楚到凌晨还会有多少人，但估计是寥寥无几。

回答 2（哈佛商学院二年级学生 Liz）：商学院学生去图书馆学习的相对比较少吧。HBS（哈佛商学院）的 Baker Library 每天关门都挺早，绝不可能有学生学到凌晨的。

回答 3（哈佛法学院法学博士二年级生 Hassan）：HLS（哈佛法学院）Library 都是零点关门。我有时会去 HLS Library 做阅读，但更多时候喜欢一个人在寝室学，论文提交前会熬得晚一些，但几乎不会超过凌晨三点。

回答 4（哈佛教育学院硕士一年级生 Laura）：我平常都去教育学院旁边的一家咖啡馆学。相较于安静的图书馆，我更喜欢有点人声甚至嘈杂的环境，那样反而更能集中注意力。咖啡馆十一点打烊，我是早起的人，十二点前就得睡，早上七点起床。我无法理解习惯学习到凌晨四点的人，那有点愚蠢，不是吗？

回答5（哈佛医学院博士三年级生Robert）：医学院的功课挺重的，所以HMS（哈佛医学院）的学生都比较刻苦，但也不至于学到凌晨吧。我觉得还是得看自己怎么安排时间，另外效率真的很重要。我几乎没去过Lamont Library，我所知的医学院同学也很少有人去那儿熬夜。

回答6（哈佛本科大四学生Yoon-Al）：啊，我过去这几年确实熬过几次通宵，主要是为了写论文，但绝对不是常态！平常我习惯去怀德纳图书馆的自修室学习，那里的噪声近乎零分贝，每个人都认真学习的气氛非常棒。我平均每次去图书馆学习三小时吧，不会到太晚，完全没必要的。

回答7（哈佛本科大一学生Rawe）：So far so good！来哈佛前曾担心这里的课业负担会压得自己喘不过气，但开学这几天感觉还是可以驾驭的。我目前都在宿舍学习，我的很多大一同学也喜欢在家写作业，或者和好友一起去咖啡馆，因为可以随时交流功课。在图书馆熬到后半夜？我没想过，也最好不要吧！

结论：不同的哈佛学生给出了类似或干脆一样的答案——自己不会在图书馆苦读到后半夜，没看到或听说身边很多同学这么做，更不认为这有必要。

唯一可能让学生待到凌晨四点半的Lamont图书馆，在随机受访的30个学生中并无高人气，去那儿学习的学生也对"熬到后半夜"这一说法给出了否定答案。

上面两种方法的尽调实际上已让真相浮出水面了：网上疯传的"哈佛凌晨四点半图书馆的盛景"，并不存在。

3. 哈佛图书馆实地走访

为确保万无一失，我还是决定把整个尽调做完，在夜里实地拜访几座哈佛图书馆和每座图书馆的管理员。

我选择了四家最有代表性的：Baker Library（贝克图书馆，位于哈佛商学院校区）、Harvard Yen-Ching Library（哈佛－燕京图书馆，位于东亚研究学系区域）、

Widener Library（怀德纳图书馆，位于哈佛本科生院校区）和 The Lamont Library（勒蒙图书馆，位于哈佛庭院）。如上面所说，唯一通宵开放的其实只有 Lamont Library。

图书馆管理员回复：据我了解，商学院学生喜欢在宿舍或咖啡馆学习，而且啃书到深夜的少吧，因为还有其他更重要的事情做。贝克图书馆晚上是不开门的，其实即使白天，人也不多——商学院学生白天除了忙上课，还得穿梭于各种社交和招聘活动啊！

对哈佛大学图书馆的尽职调查至此告一段落。凌晨三点从勒蒙图书馆出来时，整个哈佛校园都沉浸在睡梦中，只有早起鸟儿的鸣叫和我的脚步声在夜里回响。

网上热传的"哈佛凌晨四点半图书馆的景象"，是一个不存在的想象。

速读过后，同学们应该能看出，本文一直到"哈佛凌晨四点半的图书馆到底是什么样的？这次一定全面系统、深度、客观地查个水落石出……"这段话之前基本是在陈述大背景，即"对哈佛图书馆凌晨四点半景象的广泛误解"，这些并非文章的关键内容，即"凌晨四点半的哈佛图书馆，到底是什么样的"相关信息。

而从"我的尽调由三部分组成"这里开始，就进入了文章的关键部分——通过各种调查方法以及相对应的数据和采访实录，论证了"哈佛学生几乎不会在图书馆里熬通宵"这个重要事实。

至此，我们就完成了对本文重要与次重要段落的判断，在之后速读时，便可以有的放矢，有针对性地阅读啦！

第3节　7:3原则速读法

第三个速读方法，我为其取名"7:3原则速读法"。在通过前面的方法获得了对一篇文章的整体认识、完成了对重要和次重要段落的判断后，接下来我会按照 7:3 的比例进行速读——70% 的时间花在相对重要的段落，30% 的时间分配给次重要的部分。

读相对重要部分的速度要比次重要部分慢，以便更好地获取和理解关键内容。

当然，70% 和 30% 只是一个大致比例，同学们在分配速读时间时，不必刻意遵循这两个数字。还需要注意的一点是，速读时一定别忘了再读一遍每个段落的首句话，也就是在第一个方法中介绍过的主题句、信号句。另外，当读到关键数据和论点阐述时，我建议大家用记号笔把相关内容画出来，或者在段落旁边做个记号，便于之后着重复习。在有限的时间里做速读时，我一般不会另在本子上做详细的阅读笔记。

第 4 节　三分钟闭眼过电影速读法

第四个很重要的方法，也是一次速读任务的收尾动作，我称为"三分钟闭眼过电影速读法"。

这个方法本质上是回顾已速读的内容。很多人读完以后会不假思索地把书合上，认为阅读任务已经完成了。

但根据自己的经验，我会为他们感到有些遗憾。为什么呢？因为如上所述，不动脑、不思考的阅读绝不是一次好的阅读。精读如此，速读更是如此。如果读完以后不主动进行回顾，那么几小时、半天、一天以后，读过的内容很可能会遗忘大半。

我建议大家这么做：在完成一次速读任务后，合上书，闭上眼，快速用三分钟时间过电影般地回忆一遍刚才读完的部分，尤其要在大脑里默念用记号笔标注过的重点信息。过电影时，可以带着问题进行复盘回忆。我经常问自己的问题包括这些：

主人公是谁？

做了什么事？

为什么要做？

在哪里？

什么时间？

有什么意义？

其他人物与关键事件包括什么？

    过完电影后再次打开书本，着重浏览刚才没回忆起来的内容。如果时间允许，还可以复习一遍所有记号笔标注过的部分。根据自己多年的经验，我可以很确定地告诉大家，如果你肯在速读后花三分钟闭眼过一遍读过的内容，那么你的速读效率将得到显著提高呢！

    完成了"三分钟闭眼过电影"这道工序后，一次速读任务就算圆满完成了。其实，速读的关键可以总结为"三快"：看得快、懂得快、记得快。如果你能根据我介绍的方法，切实地操作起来，经过一段时间的练习后，你一定可以成为速读高手，在有限的时间里吸收丰富的知识精华。

本课核心方法回顾

确定速读素材

"规划、执行"速读法

快速转眼速读法：

_____

_____

判断速读内容的重要性

7：3 原则速读法：

　　有的放矢地把大约_____的速读时间分配给重要内容，确保对关键论点、论据的理解；用剩下_____的时间扫读次重要部分。

三分钟闭眼过电影法：

　　速读后，用三分钟左右的时间闭眼回顾已读内容，可以在"过电影"时自问自答、尽量多地回忆书中的关键信息。

学会精读，深入领悟把书读透

如果说速读是在有限时间内，风驰电掣般获取书中精髓，那么精读就是沉心静气、由浅入深品读书中细节。

什么是"精读"？你是如何理解"精读"的？

我认为的"精读"，不但是细致、从容地阅读（"读得慢"），更是边读边主动思考、不断反刍。精读效果不佳，多半因为读书时没有真正动脑，没有花够心思、花对心思。

在我讲解自己的精读方法前，还想请同学们一起明确：精读的目的是什么？

简单地说，精读的对立面是"不求甚解"。

精读，通常是为了把一本书读透，读出蕴藏在书中的各种滋味，读出作者的所思所议，全面深刻地掌握书中精髓、核心事件、关键论点。

这时，速读就不太合适了，因为速读往往浅尝辄止，甚至夹带一丝功利意味，比如"我只需要快速读读这本书的第二章，找几个能用到课题探究报告里的关键数据，就可以了"。

相较于速战速决式的阅读，我当然偏爱在充裕时间里，潜心品味书中的曼妙世界。精读，实乃人生的一件大乐事！

第 1 节 "三个一"精读法

了解了"精读"的定义和目的后，下面介绍我总结的精读方法。

精读的第一步同样是明确任务量，制订这次精读任务的执行计划。

虽然精读的可支配时间通常较速读宽裕，但由于阅读强度，或者说"用脑度"显著提高，所以，为了最大化地提高阅读效率，我依然建议同学们计算单位时间的阅读任务量，在之后的每周／每天／每小时严格执行计划。

打个比方：你要在两周内精读一本 600 页的书，每周有五天、每天有三小时用于此次精读任务。那么你能自由支配的阅读总时长就是 5×3×2=30 小时，换算成以小时计的单位阅读任务量，每小时就是 600/30=20 页。这任务听上去不算繁重，甚至还觉得轻松？大家可别高兴太早，因为精读并不算一件易事。如果能按我的方法每小时完成 20 页的精读任务，就已经非常不错啦！

还需补充提醒的是，你不必教条地在每小时刚好读完 20 页，这只是一个用于参考的平均数，帮你做到心里有数，在精读时更稳健地控制节奏。你大可根据所读的内容，实时调节速度，遇到晦涩难懂的部分就慢下来，遇到平铺直叙、浅显易懂的部分就加快些。

概括地来说，我的每次精读，都可总结为"三个一"：一本书、一个本、一支笔。

这三个一，既指我精读时用到的所有工具，不多不少，就这三样，也代表了我每次精读时会完成的关键步骤。

书，自然指要精读的内容，而本子和笔，代表精读时做的三件事：一是精读前的预热准备；二是精读时的随读批注和笔记；三是精读后的好句佳段摘抄和读

后感 / 书评。换句话说，每次精读，都是动眼、动脑、动笔甚至动口的多感官同步工作，是阅读、摘录和思考的同步进行。

而在这几"动"中，动脑和动笔尤为重要。这两"动"，其实是在有意识地"主动阅读"、让书中内容真正走心入脑。带着做阅读理解题时一丝不苟的态度进行精读时，我们便能主观能动性地思考诸多问题，比如，作者的写作角度是什么？文章的论据都是哪几个？哪些观点与自己的认知一致，或冲突？只有细读多思、反复琢磨，才能领会书中精髓，把书读透。

第 2 节　LEO 学长的精读全过程分享

精读前的预热准备

我在精读时的第一次动笔，通常发生在精读开始前，我称其为预热问题列表。有同学可能会问：这个列表是什么？阅读有那么麻烦吗？直接开始读不就可以了？

其实不然。在开始精读前，我们就要进入动脑思考的状态了。通过列一份预热问题表，提前写下若干个和本次阅读内容相关的问题，进而让问题引导自己开始精读，这样做是和不假思索、直入阅读的效果迥然不同的。

具体做法：用 3 ~ 5 分钟，在读书笔记本或电脑上快速列好预热问题表，一份列表对应一次精读任务，一般包括 5 ~ 10 个问题，既可以是宽泛的大问题，也可以是和待精读内容直接相关的微观问题。我通常会列的宽泛问题可总结为"5W2H"，包括：

5W：Who（主人公 / 主要角色都是谁？）

　　　What（讲的是一件什么事？）

　　　When（发生在什么时候？）

　　　Where（在哪里发生？）

　　　Why（为什么会发生这件事？）

2H：How（这件事是如何发生的？这些人是如何做的？ ）

How much / How many（有多少？——数量 / 数据相关的内容）

在第二章"5W2H 分析思考法"一节（081 页）中，我便讲解了"5W2H 分析思考法"，同学们可以翻阅一下。

精读时的随读批注与笔记

精读时我的第二次，或者说第二种"动笔"，便是做随读批注和笔记了。

相信同学们对做读书笔记这件事并不陌生，也基本了解做笔记的意义——比如促进思考、加深理解，但不少人并不知道在精读时该如何做笔记最好。

我的精读笔记方法，可以归纳为"二不做二做"。

先说"二不做"：

第一个"不做"，是不要整段整段地用记号笔画重点；

第二个"不做"，是不要重复"抄写"书中的事实性陈述。

什么是"整段摘抄"？可以看看右边这张图。很多人读书时喜欢握着记号笔不放，画下的重点"绵延不绝"，几乎占满了整张书页。待读完后回看才惊觉：哎呀，怎么哪儿都是重点句啊？这中心论点到底是什么呢？

"面面俱到，反而皆空。"如果精读时不停地画重点，到头来只能落个什么重点都抓不住的结局。

什么是"事实性陈述"？简单概括，就是信息、数据等不带作者论点和主观色

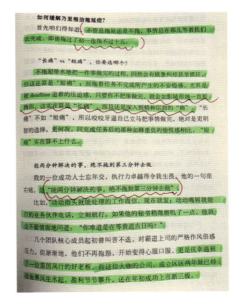

彩的客观内容。

很多人在精读时会专门用本子做笔记，这样做没错，但有些同学喜欢边读边把大量的"陈述性事实"抄到本子上，有时还配上简笔画，做成精美手账。

我对"手账"当然没有意见，也希望自己有朝一日变成手账达人，但我必须说，精细阅读和精致手账并不搭。为了做出赏心悦目的手账而煞费苦心地摘抄事实性陈述，不但占用时间，还无法促进思考，因为抄录事实性内容时，我们的心思大多聚焦在"如何把手账做得更漂亮"这件事上了。

再来说说做精读笔记时的"二做"。

第一个"做"：做笔记时，尽量只记录自己的思考、随感。上面说到，不过脑地大量画重点、抄书中原文并不聪明，与之相对的是实时记下精读时的主观思考——无论是赞同还是否定，是对大论点的评述还是对小细节的思考，都可以批注下来。只有这样，才算真正走入书中情境和作者"交流"，进而把书中精髓很好地内化了。

第二个"做"，是第一个"做"的具体实现方式，我为其取名"多色批注法"。

我们在精读时做的思考，几乎都带有个人主观色彩。正如"一千个人眼里，就有一千个哈姆雷特"，不同的人读相同的内容，一定会有各异的感受与诠释。同理，当你精读到某个段落时，也可能会出现三种主观立场——赞同作者在此处的论点、反对作者的论点以及中立态度（对这个论点没有明显站队）。在这里我尤其要提一下"反对作者论点"这种立场——在精读时，一定不要轻易被作者说服，尤其不能有"作者是权威，他说的都对"这种心态。

其实，很多论点都是存在争议的。精读时，你永远不要放弃自己提问、质疑的权利，尝试多一些批判性思考，甚至假设作者的论点是有漏洞的、值得商榷的，然后即时记下自己的异见，如有时间，还可以和书友们讨论。

"多色批注法"可以促进精读时的深度思考，鼓励不同观点的输出。我通常用黑色笔写下同意作者观点的批注，红色笔写下反对作者观点的批注，蓝色笔记下中立的思考。

以我写过的一篇文章《这七大毛病，99.9%的年轻人都会有至少一个》为例，在这里，我假设自己是读者，而不是原作者。

同学们可以在右图中看到黑、红、蓝三种颜色的批注。比如黑色的这一条表示赞同文中的论点："非常同意。手机 App 交友很肤浅，并且鱼龙混杂，很难找到真正能交心的朋友。"

红色的这一条表示反对："不完全同意。直播 App 并不像作者说的那么一无是处。比如，一些直播平台分享知识和干货，能让观众收获到新技能、获得进步。"

而蓝色的这一条是中立批注："很多想走捷径的年轻人看中的是赚快钱的机遇，但有时会得不偿失。"

大家应该能发现，这三条批注全部是我精读时的所思所想，丝毫没有陈述性事实的摘录。我推荐使用"多色批注法"的另一个原因是，当过一段时间回顾批注笔记时，就能轻易通过不同颜色的记录，忆起自己当时的点滴思考。

精读后的好句佳段摘抄

我建议大家在精读时的第三种动笔，是好句佳段的摘抄整理，这也是永不过时的一种阅读方法。

然而，方法虽经典，却常被忽略，甚至吐槽。有人说：这不就是学校里布置的好词好句摘抄作业吗？枯燥乏味得很。还有人说：现在都什么年代了，在网上就能搜到一本书里的所有金句，何必要费工夫自己摘抄和整理呢？

我必须得说，做网络搜索和自己动笔整理的效果是很不同的。为什么？上网查资料、做复制粘贴，基本只动用了视觉。各种书摘语录网站把整理好的文段直接喂给你，很难助你加深对文中精辟表达的理解与吸收。

而如果自主发现好句佳段，继而誊抄整理在本子上，就更能体味作者的文采，感受其表达的精妙。另外，通过精读时做摘抄，你还能在不知不觉中学习作者的行文修辞，逐步提高写作能力呢！

摘抄整理金句这件事虽不难，却也有门道。我有以下三个建议。

第一个建议：等精读任务完成后，再用整块时间对好句佳段进行统一誊抄整理。精读时需要注意力高度集中、无间歇思考，而做金句摘抄比较费时，所以大家不要边读边抄，否则思路容易被打断。我的惯常做法是，读到好句佳段时，先用笔做个记号（比如在旁边打个星号），在完成一次精读任务后，再回到阅读起始页，顺着星号逐一摘抄。

第二个建议：我把它概括为"动作描述（动词）第一，形容词次之，名词最后"。最难出彩，也最能凸显作者精妙文笔的往往是动作描写，而我们自己写文章时往往拿捏不好，很难出彩的也常是和动词有关的内容。

因此，如果一篇文章里有特别妙的动作描述，就优先摘录、收藏下来。比如，鲁迅是运用动词的大师，大家在精读他的文章时，就可以学到不少传神的动作描述。

形容词是极其丰富的一大范畴——在汉语中尤甚，大家在读到很妙的表达时也记得一并摘录。

第三个建议：摘抄本一定要分主题、分书目。如果精读的是大部头名著，比如《红楼梦》《堂·吉诃德》，那么一个小本子很可能不够用，但若精读的是短篇文章，就可以把同主题下的短篇金句都摘抄到同一个本子上。这里的"同主题"，既可以指同一个文学领域，还可以指同一位作家的不同作品。同主题摘录，也便于我们之后系统地查找、回顾。

从小到大，我已经积攒了超过三十个金句摘录本。从十多年前泛黄的小册子到如今心爱的烫金摘抄本，都是我独一无二金不换的宝藏。

精读后，写读后感／书评

我建议同学们在精读时做的第四种动笔，是在精读后尽快写出一篇书评／读后感。

没有人对"读后感"陌生，但如今鲜有人会在阅读后写读后感。其实，正如第一章"三分钟闭眼过电影速读法"一节（045）中介绍的，读后感是一次精读任务的重要收尾，就像做一道大菜，在出锅摆盘前要收汁、勾芡一样，具有画龙点睛、锦上添花的效用。

读后感的写法因人而异，我在这儿分享一个自己常用的读后感引导问题模板。

LEO 的读后感引导问题模板

每次写读后感时，都可以根据以下问题列表完成"自问自答"，以梳理和回顾本次精读的核心收获与体会。

这本书／这个章节的主要内容是什么？
都有哪些关键角色和事件？
这本书／这个章节最重要的亮点是什么？
最打动我的部分是什么？为什么？
我对这本书／这个章节的论点持什么意见？
这本书／这个章节对我而言有什么价值？有什么启示？

需要补充说明的是，因为读后感通常写给自己看，所以长短、形式和文笔都不重要，关键是把个人感受和主要收获写下来，比如，令你茅塞顿开的论点、让你热泪盈眶的情景。

第 3 节　朗读 + 录音精读法

这是我前几年无心插柳"研发"出的精读方法，非常好用，尤其适合想提高碎片时间利用率的各位同学。

操作方法很简单：在精读到经典段落时，尝试自己朗读这段话，同时用手机录下来。之后再利用碎片时间，比如上学路上、跑步途中，戴着耳机听上几段。比较神奇的一个现象是，听自己的朗读可以明显加深对相应内容的印象。哪怕自己读得很业余，甚至打磕巴，所获得的效果都比听专业播音员录制的有声书要强不少！大家可以一试哦😊。

如果你能掌握上面介绍的几种方法，精读就绝非令人头疼的难事。相反，精读完全可以其乐无穷，成为你生命中的一大幸事。

当然还要提醒一下：一定别忘了前面分享的速读方法，要随时根据阅读目的的不同，灵活选择不同的阅读方法。精读与速读，要相互补充，穿插使用。

阅读乃写作之母。在完成了一定的阅读积淀后，写作水平也必将得到提高。希望我的速读法、精读法能帮助大家打下坚实的阅读基础，在未来的日子里，不论遇到什么样的书籍，都能从容、愉快地应对。

本课核心方法回顾

精读开始前，明确任务量，制订整体阅读计划

"三个一" 精读法：_____

精读前准备预热问题列表

精读时做随读批注和笔记

做精读笔记时的 "二不做二做"：

二不做：_____

_____

二做：_____

_____

精读后摘抄好句佳段

写读后感 / 书评

朗读 + 录音精读法：

用手机录下自己朗读书中经典段落的声音，利用碎片时间回

听，加深理解。

写作入门：刻意练习，厚积薄发

一提起写作文，很多人的第一反应都是"唉，头大"，接着想起每次写作文时的痛苦滋味：要么绞尽脑汁迟迟难产，要么写出来的文字平铺直叙似"流水账"，有时还逻辑混乱、主题不明。

一些同学因此颇为郁闷：为什么别人就能妙笔生花、文思泉涌，自己却像茶壶里煮饺子，有货倒不出呢？写作能力难道真是与生俱来的一种天赋吗？

上小学时，我也和很多同学一样对写东西怵头，做家庭作业时总是把作文放到最后。但如今，写作已经成为我熟练掌握的一项技能了，虽说离写作大咖还有相当的距离，但起码在写文章时能得心应手了。我还会抽空在自己的微信公众号"学长LEO"上发布原创文章，受到了百万读者的喜爱。

如果倒回十年前，我压根儿没想过自己会出书。可如今，我写的第一本书《不如去闯》成了畅销书，第二本书《学习高手》成为了百万爆款作品，现在又出版了第三本书。在把写作变成生活习惯的这些年里我渐渐发现，自己再也不用挖空心思去凑字数，很多时候反倒是不时闪现的灵感推着我写，在写作时也总能进入忘我的境界。

从"不爱写、不会写"变成"享受写作"的多产作者，如果你问我该如何提高写作能力，如果只能以一句话来回答这个问题，我一定不假思索地告诉你：如饥似渴地大量阅读，竭尽所能地感受世界。

积累和阅历多了，观察和感悟也就有了，写起东西来自然不再干涩乏味。观点更加深刻立体、逻辑越发清晰严谨、措辞生动精彩的文章，就可能被认定为佳作了。

当然，无论是开卷阅读还是探索世界、增进见识，都要记得时时记录、不断思考，辅以一定量的写作练习，才能把所见、所闻、所学变成高质量的文字。

而这也引出了我要分享的第一个方法——建立"灵感与素材本"。

第 1 节　建立"灵感与素材本"

为了更好地把阅读所学和生活体验留存下来，我一直有建立"灵感与素材本"的习惯，并且实时更新和复习。

上面说到，一个人必须先有观点，才能顺畅下笔。即便是妇孺皆知的大作家，也并非随时随地就能妙笔生花。

巴金先生就曾回忆，他有几次被编辑催稿，逼得没办法，坐在书桌前苦思冥想，写了又涂，涂了再写，最后一句都没写完，桌上稿纸和脑中想法一片空白。

正如盖楼先得有图纸、旅行先得有路线，灵感与素材对写作也是缺一不可的。那么要如何实时捕捉、不断积累这些"原料"呢？"素材与灵感本"就能派上用场。

灵感，总在不经意间迸发出来，所谓"灵感乍现"，可能出现在窗外飘落的黄叶上，可能出现在和好友聊天的一句玩笑里，也可能乍现于洗澡时水温由冷变热的瞬间——嗯，我就经常在洗澡时和妙不可言的灵感邂逅，有几次甚至都激动得冲出浴室，风驰电掣般记下灵感，生怕它转瞬即逝。

我会把对待灵感的态度总结成五个字——"时刻准备着"。灵感不期而至时一定不要想当然地认为它将"永驻心间"。相反，日常生活里的纷繁事务都可能干扰灵感停留，导致灵感和我们一期一会，再也不见。

在书包或书房里常备一个"灵感与素材本"，我们就有机会延长灵感的生命，让灵感成为新作文的创作来源。如何使用这个本子？使用方法并不存在任何条框规则，也不必讲究形式，只要能以自己看得懂、用着顺手、方便查看的方式及时把灵感记录下来就很好。

"素材"又是什么呢？不期而遇的灵感实际上是素材的一部分。除此之外，在日常阅读和生活体验中学到的知识、看到的风景，都可以是写文章时的极佳原材料。

连文坛大家们也证明了"随时记下灵感"的奇效。诺贝尔文学奖得主莫言先生就曾提到，他的成名作《透明的红萝卜》诞生于梦境。

"那时候，我正在解放军艺术学院学习。一天早晨，在起床号没有吹响之前，我看到一片很大的萝卜地，萝卜地中间有一个草棚。红日初升，天地间一片辉煌。从太阳升起的地方，有一个身穿红衣的女子走过来，她手里举着一柄鱼叉，鱼叉上叉着一个闪闪发光的、似乎还透着明的红萝卜……"

这个梦让莫言激动不已，他立马就下床奋笔疾书，只用短短一周就完成了小说初稿。

如果莫言轻易忽略了这些灵感，文坛大概就会损失多部佳作吧！

在这里也和同学们分享我的写作"灵感与素材本"。正如上面所述，我的记录丝毫不讲求工整格式，中英混搭，看上去甚至有些杂乱。但只要能把随时随地遇见的灵感和素材保存下来，就达到了使用这个本子的目的。

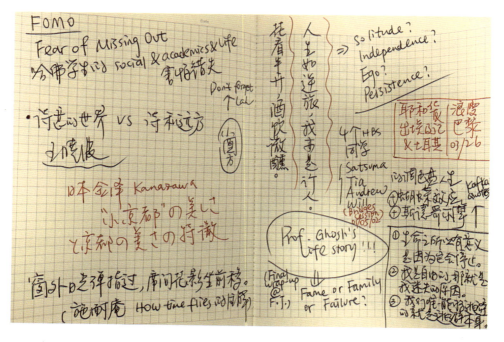

在通过"灵感与素材本"增加写作原材料的同时，我们还应抓紧时间勤加练笔，从而尽快从量变到质变哦！

第 2 节　写作练笔"四定原则"

用"灵感与素材本"时可以自在写意，但练笔时就不能毫无规划、全凭心情了。在学生时代做额外的写作练习时，我一直遵循着一套"指导思想"，我将其总结为"四定原则"。

第一个"定"，是"定期定量"：要在某段特定的时间内完成一定量的练笔任务。比如每周写一篇。如果时间充裕，你当然还可以根据实际情况增加任务量，比如以记日记的形式每天完成一篇短文。

第二个"定"，是"定时"：比如"每篇作文都必须在一小时内完成"。尤其大家在平常练笔时可以根据考试时间进行定时训练。掌握了这个节奏之后，在考场上就不容易紧张失措，影响发挥。

第三个"定"，是"定字数"，或者说"定篇幅"：规定每次练笔时的最少字数或者最多字数。比如"300 字左右""不超过 500 字"。"定字数"和"定时"有异曲同工的效用，只有在平时严格规定写作时长和文章篇幅，写考场作文时才能从容不迫、游刃有余。

关于字数我还要补充说明的是，一篇文章绝非字数越多越好。要想出产高质量文章，就一定得避免啰唆无谓、拖泥带水的文字表述，尽量"把话说到点子上"，让行文精练到位。

第四个"定"，是"定主题"：丰富的生活中永远不乏可用于写作的话题。每次练笔时，大家都要尽量定一个和先前不同的主题，除了写命题作文，还可以写一次谈话、一位远道而来的故友、一场充满惊喜的旅行……

我习惯从生活体验中为自己制定练笔的选题。比如在路上看到一个带有"漂流"二字的广告牌，就自然联想起了电影《少年派的奇幻漂流》和小说《鲁滨孙漂流记》。接着，我会根据联想内容定一个命题，比如，假设我变身少年派，独自与一只老虎在海上漂流，我该如何生存下去呢？又比如，我和鲁滨孙一样，被迫在某个偏远的小岛登陆，接着遇到了岛上剽悍的土著部落，我该如何与他们打交道以保住性命，进而和他们和睦相处呢？

第3节　关于"流水账"的应对建议

很多同学都有这个苦恼：为什么自己总是把文章写成流水账，真的好无奈啊。

那么，到底该如何规避写流水账？下面简要分享我的两个建议。

建议一：在写作功力薄弱的初级阶段，尽量选择熟悉的话题进行练笔，不要操之过急、以难度过高的选题刁难自己。

很多同学都有这个体会：写作文，但凡碰到的是自己熟悉的主题，就不缺素材和观点，也容易进入状态，写出好内容。相反，如果碰到的是自己不熟悉、没概念、没感受的话题，写起来就特别费劲，最终也容易产出平铺直叙、空洞乏味的流水账。

建议二：在下笔前务必确立中心思想，并厘清能够强化中心思想的几个核心论点。

中心思想是文章的脊梁，一旦确定，就会起到"统率全局"的作用。清晰的中心思想能够帮助我们对论点和素材进行取舍，确定哪些详细叙述、哪些简要概括、哪些直接略过。流水账通常缺乏中心思想，也因此容易落入没有重点、泛泛而谈的圈套。

以老舍先生的名篇《济南的冬天》为例。老舍先生在这篇散文中描写了济南冬天的多种景致：温晴而不刮大风的气候、秀气宁静的小山、纯洁的冬雪、澄澈的河水、碧绿的水藻、似水墨画般的城里城外……乍一看真是素材不少的一篇"散"文啊！但我们只要细细品读就会发现，这篇小文形散却神不散，所有描写都是从正面或侧面为一个核心主题服务，即通过描写和赞美济南冬日的气候温和、山青水绿，来抒发对这座城市、对家国的热爱之情。所以，《济南的冬天》虽然写的景物不少，却绝非散漫的流水账，而是紧扣主题、引人入胜的经典佳作。

同时，大家在写作时也可以通过列提纲的形式规避上面的问题。

如果不假思索就动笔，可能会出现逻辑错误、内容走偏等问题，也可能会不知不觉把文章写成流水账。绝大多数人没有即兴动笔出佳作的才华，所以还是要耐心打好草稿再开始写。直到今天，我仍会在每次写作前仔细构思，直到列出一份满意的提纲后才动笔——不管是写风格轻松的随笔推文，还是写缜密严谨的论文报告。

本课核心方法回顾

建立"灵感与素材本"

写作练笔"四定原则":

_____

规避流水账的建议:

　　刚开始练笔时,不选难度过高的生僻选题;

　　动笔前确立中心思想,并厘清可以支持中心思想的核心论点,动笔后聚焦中心思想 + 论点,抛除一切不相关的论述。

LEO 牌写作心得:

　　不论写什么,列提纲都有利无害;

　　内容、观点、立意永远第一,不刻意堆砌华丽的辞藻;

　　写作时真心诚意,切勿虚情假意;

　　写完后请他人评点,能发现被自己忽视的漏洞。

02

夯实学习习惯，
让学习事半功倍

重视错题，弥补知识漏洞

本篇专门写给总把"粗心"当作错题借口的同学。

下面这样的对话是不是特别熟悉？

这道题为什么做错了？

粗心了，没仔细审题。

哎呀，这道题其实我会做啊，
只是粗心了一下……

一个小小的"粗心"，就成了做错题的最佳理由、最有力的挡箭牌。因为在很多同学看来，"粗心"一点都不严重，没必要紧张兮兮。所以，他们就自动轻视了错题，在订正错题时敷衍了事。

借谈论"粗心"这个词，我要告诉各位：相比于"做题出错"这件事本身，对待错题的态度更加重要。以"粗心"为借口进行搪塞，是对学习不负责哦！

仔细想来，在求学的十多年里，我之所以能从小学开始一路领先，并非因为多么卓越的智商，而是因为我太喜欢和错题打交道了，甚至可以用"与错题斗，其乐无穷"来形容。

不夸张地说，如果平日的学习太一帆风顺、所有题目都容易得不费吹灰之力就能做完，我反而会感到无聊。如果在一次考试中拿到满分，虽然是"小确幸"，但这样的快乐通常稍纵即逝，因为我总觉得"没过瘾"。相反，如果做错了一道题，或者直接碰到不会解的难题，我才会兴奋异常，好比游戏玩家碰上了难缠的对手、狮子在等待中终于发现了可口的猎物。

我认为，当出现了错题，碰上了让人百思不得其解、急得抓耳挠腮的难题时，学习中最有趣的环节才真正开始了。换句话说，当学生的乐趣就在于干掉错题、攻克难题而不断变强。

这真真切切是我发自内心的话。如果你暂时没法感同身受，甚至觉得 LEO 学长很"奇葩"也没关系。我建议你现在做一件事，对自己的学习有好处，那就是——把上页最后一、二行红色字的那句话贴在墙上或者书桌上，每天都能看到。

下面分享我的错题应对法，外加一份"LEO 牌错题本模板"，相信会对大家有帮助。

第 1 节　LEO 牌错题应对法

步骤一：快速确认为什么会做错题？

知悉错题原因是避免之后再犯的基石，也是彻底摆脱"粗心"这个万能借口的开始。注意：这是先导步骤，不要花太多时间，最多一分钟。可以参考我整理的这份"错题成因自查清单"：

错因 1	知识疏漏导致的"确实不会做"——跳转的对策 1（见下文"步骤二"，下同）。
错因 2	审题不仔细，理解错了题目要问的是什么——跳转对策 2。
错因 3	（错因 2 延伸）错误认为是之前熟悉的题型，没仔细看完题干，疏忽了题目的变体或陷阱，便想当然地解题——跳转对策 2。
错因 4	做题时注意力不集中，解题思路被干扰，导致最终答案出错——跳转对策 3。

错因 5	（多出现在考场）心理素质不过硬；因紧张而发挥失常，原本会做的也错了——跳转对策 4。
错因 6	会做，解题过程也没问题，写答案时笔误导致丢分——跳转对策 5。
错因 7	（错因 6 延伸）填错答题卡导致失分——跳转对策 5。
错因 8	无法归入上述类别的其他错因——跳转对策 6。

步骤二：根据诊断，攻坚错题

如果你踏踏实实根据上面的清单确定了错题原因，那么恭喜你——终于不再是把粗心挂嘴边的"想当然"了！下一步是根据错因诊断，把错题逐一干掉，并尽量不让它们死灰复燃。结合自己在国内外的求学经验，我整理出了下面的"错题攻坚方案指南"，很多做法都是自己这些年养成的习惯，供同学们参考。

对策 1 　"知识疏漏"有不同类型，可能是公式定理没理解、某种解题方式没学会，也可能是知识点没背熟记牢。总之，这是我认为最有趣的（当然也是解决起来相对痛苦的）一类错因。

我的做法

1. 多次确认具体的知识疏漏是什么。

2. 不拖延！立刻翻开课本，找到对相关知识点的讲解，辅以课堂笔记和练习卷等素材里的内容。

3. 不图快！耐心仔细地把相关知识学一遍。如果实在一头雾水，自己没法搞懂，果断请教老师或同学。一定不要怕丢脸，就算被别人骂"脑子笨"也没事。学会知识是为自己好，没必要顾虑太多。
* 如果是记忆类知识点，则基本没有捷径，耐心背到滚瓜烂熟为止。

4. 学会之后，重新做一遍错题，再次遇到磕绊也别怕，重复第三步或仔细阅读和理解标准答案，然后再做一遍，直到完全会做，且答案正确为止。

对策 2　这种错因和智商无关，和心态有关，三个字——太浮躁，四个字——没沉住气。精读一遍错题的题干，把自己之前误读或漏读的信息用红笔标记出来，警醒自己。另外，把每次审题的差错都单拎出来，总结一个"常见陷阱 / 变体大全"，最好打印出来夹在错题本（下面会介绍）里，或贴在墙上，每天提醒自己，直到形成条件反射，以后再也不会会错题意。

对策 3　因为做题时开小差而出错，是特别"冤大头"的一种情形——并非不会做，只是"不小心做错了"。说到底，还是专注力出了问题。我的建议很简单：使用第二章"提高专注力，告别拖延变自律"部分（098 页）介绍的方法，锻造出强大的专注力。

对策 4　因为紧张而在考试中错误频出、发挥失常是很普遍的现象。这些年我的观察是，相比于"学酥"，很多"学霸"反而更容易出现紧张情绪。坦率地讲，我一直是个比较心大的人，从全市小升初择优考试到留学考试托福、SAT、GMAT，再到后来在耶鲁和哈佛的每一次难度颇高的期末考，我几乎一次都没紧张过——算是个怪胎吧！

我这种不紧张的情绪，多半源于调整出了比较从容的心态。首先，我从很小的时候就懂得告诉自己：考试真没什么特别的，只不过是对前阶段学习的一次总结而已。进考场前，我很少思忖考完以后会发生什么，不论好与坏。另一个心态更关键，那就是（此处划重点）——我会告诉自己：第一，考试时一定有很简单的题，也会碰上可能让我苦思冥想、抓耳挠腮的题，对于后者，结果要么是幸运做对，要么是出错丢分，但即使丢分，我依然有机会取得好成绩；第二，"我难人也难"，所谓"We're all in this together"，大家都在面对一样的试卷，都有一样的忐忑，所以没什么好怕的。

试着照我上面说的去调整心态，也许你下次考试时就不会再因为紧张而出错了。

对策 5　因为笔误填错答题卡而出现错题，实在非常不应该！我没什么妙招，唯有这个笨办法：静下心，多检查一遍刚写的答案。除了言不由衷，"笔不由脑"确实也会发生。要想规避，只能耐心检查校对。其次，针对答题卡涂错、涂串行的问题，我的做法是，首先在答题卡上用铅笔在整数序号旁画几条横杠，比如在第5、10、15、20……道题的位置画横杠，作为参照标。这样，即使前面出现了涂错，也有很大的机会发现问题，及时止损。

对策 6　在学习过程中，如果发现了其他做错题的原因，也不要忽视，应该及时复盘、改正和总结，避免同样的错误再次发生。

步骤三：整理错题，时时复习

清楚了错因、订正了答案还没完，整理归纳错题，是可以让我们永远获益的好方法。

试想，如果不把错题分类整理到同一个地方（"错题本"）上，而是让它们四散在不同教材、教辅、试卷里，也许在刚订正时，你还知道某道错题的"坐标"，但过了一段时间之后就可能遗忘，甚至找不到啦！

而错题本相当于错题的集散地，集结了不同性质和时期的错题，用英文说就是非常"systematic"（系统性的）、"comprehensive"（综合全面的）。

第 2 节　错题本操作指南

"一个错题本在手，知识弱点、盲点全有。"关于如何建立和使用错题本，我的经验有以下几条。

1. 归档优先级：因为"确实不会做"而错的题，优先收录。因为考场紧张、发挥失常等做错本来会做的题，可以不收录。

2. 科目分类：理科类的学科更适合做错题本，尤其是公式定理类的计算题；文科类的学科视情况，英文的语法和固定搭配等也适合，但题干长的记忆类题目不一定全篇摘录。

3. 快捷形式：实在没时间手写整理错题的同学，至少尝试将错题内容拍照（包括题干、错误答案、正解订正），之后存进手机或电脑的相册专辑（专辑命名格式可以是：日期 – 学科 – 知识模块，比如"20211103– 数学 – 单位换算 1"）。

4. 使用错题本复习的建议。

（1）我的惯用复习时间轴：将某道或某批错题整理进错题本之后的二十四小时、一周、半个月后，以及涉及该题知识点的考试前二十四小时，复习错题，用手遮住错解和正解，完整地重做一遍，直到 100% 确认"无障碍做对"为止。

（2）状态标记：在记录错题一周后，以及考前一天回顾错题时，我习惯用三种颜色记录当时的状态。绿色代表"轻松无障碍做对错题"，黄色代表"需要一定思考 / 稍微卡壳，但最终能做对"，红色代表"仍有问题，不会做或没做对"。对于黄色和红色状态题，我会再次梳理相关知识点，或直接请教老师，速战速决。

（3）以上的错题本使用法和第一章"科学复习，夯实完整知识体系"（011页）、第二章"请教老师，充分利用宝贵的资源"（074页）两部分中介绍的方法可以共用，以增强效果。

最后分享我的"LEO 牌错题本模板"，大家可以根据实际情况，选择适合自己的 1 ~ 2 种用起来。

LEO 牌错题本模板 1						
序号	错题题干	题目来源	错因	错题订正	涉及知识点	备注

LEO 牌错题本模板 2	
订正日期	错误原因及反思
原题题干	
错误解答	
订正后的正解	

LEO 牌错题本模板 3		
错题来源	教辅	
	页数 & 题号	
错误答案		
做错原因		
正确答案		
相关知识点与订正后反思		
复习记录	第一次复习情况	
	第二次复习情况	
	第三次复习情况	

　　我的亲身经历，以及自己对不同学霸的观察都可以说明：好好攻克一道错题，真的胜过拼速度做五道新题。

　　祝大家"杀"错题愉快咯！

本课核心方法回顾

遇到错题时，不"想当然"，不逃避。

尽量把应对错题变成一件"其乐无穷"的事：

步骤一：_____

步骤二：_____

步骤三：_____

错题本的使用建议：

  确认错题的优先级：对由于知识盲点（"确实不会做"）而出现的错题予以最高重视。

  理科中和公式定理相关的错题尤其适合收录进错题本，文科中题干长的记忆类题目未必全篇摘录。

  在整理错题后的固定时间点完成复习，确认对错题涉及的知识点的实时掌握情况，必要时重新梳理知识点，或直接求助老师。

请教老师，充分利用宝贵的资源

在学习中，勤学与好问相辅相成，缺一不可。

好问，其实要先找到可以请教的人。请教的人可以是同学、朋友、父母或导师。我将在本课着重讨论的是请教老师的必要性，并分享自己总结的请教老师时的注意事项和必备方法。

请教老师的过程也是难得的师生一对一交流互动的机会。老师为你答疑解惑，从而摸清你的特点和需求，并据此指导你如何弥补弱项，巩固强项。从此你听课、做作业、复习都目标明晰，也更善于思考了。

另外，在一问一答之间，师生关系也拉近了。渐渐地，交流内容不再局限于具体的学科问题，而是拓展至其他话题——聊聊业余爱好、说说成长中的烦恼、谈谈未来规划等，老师除了在学校里讲课，还可成为你难能可贵的益友，这种由"好问"发端的师生友谊将使你获益良多，终生难忘。

第 1 节　不愿请教老师的原因

勤于请教，做一个追着老师问问题的学生，对你大有裨益。只不过，道理虽浅显，真正要付诸行动时，为数不少的同学都会犯怵。下面这四种场景，你是否似曾相识？

众目睽睽之下，追着正要离去的老师问问题，显得傻兮兮的，怕同学们笑话。

方程式……

自己成绩平平，无论是在班上还是在老师心目中几乎没有存在感，莽撞地跑到老师跟前张口问问题，担心老师蒙圈时自己也闹个大红脸。

感觉好幼稚

担心自己的问题很"傻白甜"，惹老师不屑，被老师看低。

这道题怎么做？

不喜欢任课老师，有问题宁愿问同学，也不请教老师。

那么，针对以上场景，我们来逐一看看可以如何进行心态调整。

场景 1 心态调整：

不懂就问，当然是好习惯。没听懂老师所讲的内容却憋着不问，这才是真傻；为了面子不懂装懂，不仅是虚荣，更是愚蠢。当然了，如果你的确生性腼腆羞涩，不妨找个老师不忙的时间，单独去老师办公室，请老师为你详细地讲解。

场景 2 心态调整：

请教老师是所有学生的权利，为学生指点迷津是老师的责任，老师绝非只愿意倾听尖子生的问询；老师都喜爱勤于动脑和好问的学生，无论他们是天资聪颖还是资质平常、是成绩名列前茅还是寂寂无闻。对于成绩不好却有上进心的学生的求问，老师更会耐心回答，解释得更仔细，并发自内心地给予他们鼓励。所以，听不懂，只管大胆提问，不过是多了一道"自报家门"的程序而已。

场景 3 心态调整：

哪些属于"傻白甜"等级的问题呢？举个浅显的例子：物理老师上课刚讲了浮力的概念，下课铃一响，你就跑上前去问老师什么是浮力，这就是个"傻白甜"的问题。对此，老师的回应肯定是：上课没好好听讲，课本上有，自己复习，实在不懂再来问我。为什么会产生这类问题？反躬自问，是不是既没认真听讲，也没仔细思考？如果是，那就怪不得老师不耐烦了。谁都期望和老师切磋些具有"技术含量"的问题，但这类问题的产生必须经过一个研读、思考和总结的过程。好问和善问的前提永远是勤学。

场景 4 心态调整：

无疑，这种想法十分孩子气。教师的首要任务是传授专业知识，教书育人，为社会培养人才。教师也是凡人，既有优点也有缺点，教学风格各具特色，众口难调，不可能满足每个学生的需求。而作为学生，应当始终铭记自己的核心目标是学习知识和技能。既然老师是为传道、授业、解惑而来，那么学生就只管从老师那里汲取知识的养分。因为不喜欢某位老师，就抵触他们的课，不与老师进行必要的沟通，耽误了自己本该正常进行的学习，实在得不偿失。

况且，年轻时我们多少都有些逆反心理，时不时看这个不爽，看那个不忿，对待人和事不够客观，缺乏包容性。事实上，绝大多数老师都具备合格的职业素养、兢兢业业地奋斗在教学一线，倾尽心力培养学生。所以，甩掉任性和负面情绪，保持积极心态，以学业为重，有不懂之处，就大大方方地请教老师，你很可能会发现，哦，这位老师平时"凶巴巴"的，说话也耿直，但深入沟通之后发现他们其实还是蛮可爱的嘛！

第 2 节　LEO 学长的"请教老师秘诀"

请教老师并非简单的一问一答，而是师生之间的双向互动和沟通，要使这一过程富有效率，适当的方式和方法是必不可少的。接着我来介绍自己请教老师时的"全套动作"，我将其称为"抱老师大腿法"。

请教老师前，请先备好这三个物件：一个本子、一支笔和一份问题清单。

请教老师，当然不可想到什么问什么，随即坐等解答。在每次请教前，需要先把近期所学系统地梳理一遍，尤其将发现的知识盲点、疑点整理成问题清单，清楚地记录在本子上，以便在请教老师时逐条提出，避免遗漏。

而且，请教老师这件事情，其实可以在上学期间一直用下去。比如在中学和大学时，我习惯在每次请教老师前列出一份少则 3 个、多则不超过 10 个问题的清单，并提前确认好每个问题出现的原因——是没有掌握某种解题方法、公式定理而压根儿不会做，还是对知识点掌握得不够扎实，运用起来依旧生疏？

在问题旁边，我还会附上"补充信息"，包括涉及的知识点以及在教材里的对应章节。如果待请教的是某道作业题，我也会把题目出处标注清楚（比如，"月考试卷多项选择题第 3 题"）。

带着一份井井有条的问题清单去请教老师，便于老师有的放矢地加以指导，而且因为之前有过思考和摸索，所以在请教过程中便能随着老师的解析，不断追问。

请教的开端：有礼有节，体谅老师

见到老师后，礼貌的开场必不可少。如果老师对你不太熟悉，就要报出自己的名字。然后才说："老师，我有个（些）问题弄不明白，您有时间为我解答一下吗？"老师们通常工作繁忙，很有可能要赶往下一个课堂继续上课，或是有其他工作急需到场，所以，问一问老师是否有时间为你答疑解惑十分必要，这既是最起码的礼貌和对老师的体谅，也是确保高效请教的前提。试想，如果不顾及老师的感受和客观情况，硬要老师在匆忙中解答你的问题，在很大概率上，效果不会太理想。

比即兴请教更好的方法是事先预约。我的习惯是"从不突然袭击"老师，而是提前和老师商定一个彼此都方便的时间，在双方约定的时间前往教师办公室，请老师详细地解答问题。

请教过程中：全神贯注，不懂就问，刨根问底

教师办公室往往频繁有人进出，易使人分神，所以听老师为你解答困惑时，要全神贯注，大脑时刻保持运转，切忌被外界干扰。我每次请教老师时，都会两耳不闻周遭事，全身心地沉浸在和老师的"二人世界"中。

在开始请教前，我会以一两句话说明此次希望请教的主题，如老师，今天我想着重请教在 ×× 模块、×× 单元的内容。

在得到老师确认后，拿出事先准备好的问题清单，从头开始提问。这里就问题次序做一项补充说明：我通常会把宏观、概念性的问题放在前面（例如，关于某个知识点的疑问），把微观、具体不会做 / 做错的题目放在后面。

其间若产生任何疑问，要立即求教，一定不要担心老师嫌弃自己没听明白、"理解能力差"。当对老师的讲解感到困惑时，我同样会难为情、怕露怯，但为了使自己的学习进步，我会立刻消除所有顾虑，然后说：

×× 老师，对不起，我好像有点没懂，您介意再解释一遍吗？

抱歉，×× 老师，我对您刚才说的还是有点不明白，我们可以再过一遍吗？

如果老师重复讲解两到三次后，你依然似懂非懂，就说明存在本质上的知识盲点。此时应诚实地告知老师，以便老师及时帮助自己诊断原因、追根溯源，指导你尽快地加以弥补，否则，自己继续懵懂不察，结果只能是盲目使力，白费功夫。

再次强调：不要因害怕在老师面前显得蠢笨而不懂装懂。事实上，老师们都偏爱勤于思考、坦率认真的学生。

另外，聆听老师讲解的同时，在本子上做好记录，尤其记下让你茅塞顿开、醍醐灌顶的关键信息，以便之后复习时再次参考。

很多时候，除了将清单上的问题逐一攻克，我还会进行发散性思考，举一反三，提出延伸问题，做深入系统的求知。实际上，学生的刨根问底也能激发老师的兴致。一问一答，再问再答，抽丝剥茧，由点及面，请教过程变为师生双方的互动，富有成效，酣畅淋漓，岂不快哉！

请教结束前：记得让老师做评估

经过此次的互动请教，老师一定已对你现阶段的学习情况"心中有了数"。此时要趁热打铁，请老师为你做一次简要的评估，指明当前的强项与弱项，并对后续的学习提出建议。请教老师的核心价值，与其说是基于问题清单答疑解惑，不如说是为你量身打造一套学习战术，这也将对你之后的学习大有裨益呢！

请教结束后：温习和回顾必不可少

俗话说，"好记性不如烂笔头"。即使笃定自己已全面透彻地理解了老师的解析，也要在请教结束后，根据记录本和问题清单上的内容，重温老师所讲的要点，包括：所问问题、老师针对性的解答、你的追问内容、老师的进一步分析、老师对你学习状况的评估、老师建议的改进方法等。时间充裕的话，甚至可用日记形式，将自己通过请教老师弄明白学习盲点和难点的过程生动地记录下来。

除了详细记录学习内容，还可以描述自己的心情以及当时的场景和氛围。若干年后，你步入社会，经受人生的多维历练，这些自己学生时代的点滴记录，将会弥足珍贵！

本课核心方法回顾

请教老师前：

请先备好这三个物件：_____

请教的开端：

_____

请教过程中：

_____

请教结束前：

_____

请教结束后：

温习和回顾必不可少。

培养逻辑思考能力，精准、快速地做出决策

有同学曾向我诉苦：

"LEO 学长，如果让我做有标准答案的习题倒还凑合，可如果给我一个开放式的问题，或者让我去自主探究一个主题，我就不知该从何下手。怎么办啊？"

有类似苦恼的人着实不少。坦率地讲，我的自主探究与思考能力，也是通过课外学术活动和职场锻造才日臻完善的，在耶鲁和哈佛读书时的长进尤为明显。因为在美国高校，大学生的课业任务经常以"独立研究与学习"的形式出现。学生们在拿到一个调研课题后，需要自主思考、规划和执行调研，并展示成果。若想顺利地完成全过程，逻辑思路就必须清晰、完整、严谨。

下面，我将由简到繁分享自己常用的三个"逻辑思维与问题解决"的方法。这些方法的可操作性强，大家读完本篇后就可以用起来，相信会有显著的成效。

第 1 节　5W2H 分析思考法

很多问题乍一看十分宽泛，让人不知从何解起，但其实都能通过 5W2H 分析思考法被拆分成以七个字母为线索的元素。

5W2H 分析思考法——由五个以"W"开头的英文单词和两个以"H"开头的英文单词为线索，对问题进行全面、深入的思考分析，这七个英文单词分别是：

What: 是什么？

Who: 谁？

Why: 为什么？

When: 何时？什么时间？

在完成拆分后，起初令人头大的问题就不再棘手了。著名教育家陶行知先生写过一首题为《八位顾问》的小诗，称赞的就是类似 5W2H 的八个引导他思考和解决问题的好助手：

我有八位好朋友，肯把万事指导我。

你若想问真名姓，名字不同都姓何：

何事、何故、何人、何时、何地、何去、何如，好像弟弟与哥哥。

还有一个西洋派，姓名颠倒叫几何。

若向八贤常请教，虽是笨人不会错。

下面我就举个通俗易懂的例子，帮助大家更透彻地理解和使用 5W2H 分析思考法。

假设你所在的小学计划为师生们开设一间全新的校内小型图书馆，筹备组老师邀请聪明的你开动脑筋、一起参与校内图书馆的规划和搭建。

下面，让我们一起试着用 5W2H 分析思考法来思考一下：在打造出一间很棒的校内图书馆前，都有哪些必备的考量和执行步骤呢？

What?

· 开设校内图书馆的重要目的和目标都是什么？

· 应该重点配备哪些种类的图书和杂志？

· 图书馆内的软硬件设施都应包括哪些？

Who?

· 谁会是这间图书馆的主要"顾客"、受益者？（比如除了校内师生，是否还考虑向特定的公众开放？）

· 这间图书馆的管理团队应该包括哪些职责和角色？

· 图书馆的建设或施工方应该找哪家公司？

· 藏书采购等事项的外部合作方都有哪些？

Why?

· 为什么要设立这间校内图书馆？（类似 What 的第一点）

· 为什么需要配备或无须配备某些藏书？

When?

· 这间校内图书馆什么时候正式开放？

· 正式"营业"后的开馆和闭馆时间分别是几点？

· 多久进行一次定期的新书采购和藏书库存更新？

Where?

· 这间图书馆应该设在学校的哪个位置？

How?

· 师生们应该如何从图书馆借阅藏书？（比如，除了在本馆线下借书，是否有可能实现线上办理借还书手续？）

· 图书馆如何定期采购新书、替换旧书？如何日常管理图书馆的藏书？

· 如何鼓励师生们尽可能多地利用图书馆的资源？

· 如何将该图书馆与校内教学和校内活动等有机结合起来？

How much?

· 为开设这间图书馆，应该制定多少预算？

· 这间图书馆应该有多少藏书量最为理想且是学校预算可以承受的？

怎么样？5W2H分析思考法是不是立马把原本空泛的问题具像化、细节化了呢？起初对"如何筹备一间校内图书馆"毫无经验的你，是否在5W2H分析思考法的帮助下瞬间厘清了一些基本头绪呢？

需要说明的是，以上的问题拆分只是我花不到十分钟快速完成的思考，绝非唯一且完整的答案。同时也要提醒同学们，使用5W2H分析思考法时可不能刻板教条哦，没必要拘泥于"5"和"2"这两个数字。有时候，我们无须把问题拆分成七个字母，根据实际情况，"5W1H""4W1H""3W2H"等各种"不完全"拆分也都是可以的！

第2节　鱼骨图分析法

从小到大，我们最常做的一种思考，用三个字总结就是：为什么。

为什么比尔·盖茨可以成为世界首富？
为什么迪士尼乐园这么好玩？
为什么不能总吃薯条和炸鸡？

思考"为什么"，其实就是在追根溯源、探寻某件事的前因后果。大多数人在被问到"为什么"时，习惯不假思索地将答案脱口而出，比如：

"小明为什么那么胖啊？"

"嗨，不就是因为他是个大吃货，管不住嘴嘛！"

乍一看，这个回答挺在理，因果溯源的过程好像也完成了，但如果你想成为一个真正的思考者、养成缜密思考的习惯，就不能像上面这般浅尝辄止。而"鱼骨图分析法"，就是我在耶鲁读书时学会的一个"迫使"我们抽丝剥茧、刨根问底的思考方法。

这个方法又名"因果图分析法"，由日本管理大师石川馨发明，能以生动具象的方式，协助我们找到事物背后的各种根本原因。

下面我来讲一个实例，手把手地教同学们通过画鱼骨图完成深度思考。

第一步：明确待分析的问题

画鱼骨图前的第一步不必多言，当然是确认要思考分析的问题是什么，我的建议只有一条："大事化小。"为了更全面、深入地思考，最好不要给自己出一个太宏大的难题，而是尽量将大问题拆分成几个小一点的问题，然后选择其一，开始分析。

假设我们要思考的问题是：为什么"杰克小吃店"卖的汉堡质量很差？

接着开始作图：画一条从左指向右（或从右指向左）的长箭头，在箭头一端画个长方形框，随后将待分析的问题写入框中。这样，"鱼骨"的雏形就出现了：问题框是"鱼头"，长直线是"鱼脊骨"。

杰克小吃店卖的
汉堡质量很差

第二步：列举"关键思考点"

这是鱼骨图分析法的第一个关键步骤。我们要明确的是：任何问题都不可能只有一个成因，即便像"小明为什么胖"这个简单问题，除了"贪吃"，也一定有其他原因在共同起作用，比如"家族基因"。在这一步，我们要尽可能多地列出可能导致结果的关键思考点，或者说是关键方面。

那么，有哪些"关键方面"可能导致杰克小吃店的汉堡质量不过关呢？我列出了下面这些关键思考点，大家可以边阅读边补充：

· 烹饪方法
· 食材
· 烹饪器具
· 天气或环境
· 员工

接着，我们将上述关键思考点画成一条条独立的、从鱼脊骨发散出去的鱼刺，并在每根鱼刺端点处画一个椭圆，再在每个椭圆里写一个关键思考点。

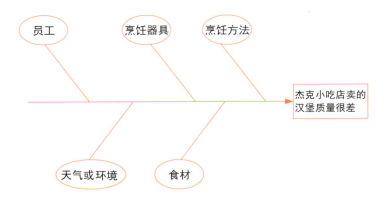

第三步：思考所有可能的原因，并逐一归类

这一步是我们花最多精力完成本次思考的关键步骤。在上一步中，我们明确了若干个关键思考点，接下来便是尽可能多地列出更详细、微观的原因，再把每个原因归档到相应的关键思考点中。

比如，在"员工"这个方面，可能的原因就有：

·培训不过关，导致员工汉堡制作技能不达标；

·技能达标，但态度出了问题：消极怠工，粗制滥造。

同学们可以参考下图，同时自行补充更多的原因。

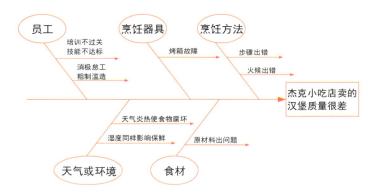

因果思考的一大难点（当然我认为也是一大乐趣）就在于："抽丝剥茧"在理论上可以是无止境的；任何细化的原因都不是终点，而是一个全新的起点。什么意思呢？

以上面的第一条细化原因为例：培训不过关，导致员工的汉堡制作技能不达标——这又是为什么呢？也许，是因为公司的培训机制出了问题，或者是公司的培训讲师没教好，又或者是员工自己能力欠佳，没学好。

在一次分析中，如果你认为有必要进行"细化细化再细化"的工序，就可以将二级、三级……成因都通过画分支鱼刺的方式呈现在鱼骨图上。

第四步：总体回顾与分析

经过上面三个步骤后，此时的鱼骨图已是"大功告成"。在结束分析前，我们要善始善终，完成最后一步——边看图，边对所有根本原因进行回顾与思考，并通过复盘，提出针对问题的解决方案。回到上面的例子，在全面思考了"汉堡为什么没做好"的原因后，我们就可以相应地做出整改。比如，对所有技能不达标的员工重新进行培训，直到每个人都能做出质量合格的汉堡为止。

第3节　金字塔原理法

5W2H分析思考法和鱼骨图分析法能协助我们解决生活中绝大多数需要思考的问题。当然，高效好用的逻辑思维方式不胜枚举，在本篇结束前，再向大家简单"安利"另一个我常用的思考方法：金字塔原理法。

金字塔原理法的提出者是世界顶级咨询公司麦肯锡的第一位女性咨询顾问——芭芭拉·明托。实际上，她还专门撰写了《金字塔原理》这本书，在过去四十多年里畅销不衰，很多企业都将此书奉为逻辑思维的工具书，并让员工们在写报告、做研究时使用其中的方法呢！

我来用几句话高度地概括一下金字塔原理法的核心精髓：任何事情都可以拆分成几个不同的方面——这也类似于5W2H分析思考法和鱼骨图分析法背后的思

维，而这些方面又可以进一步拆分成"二级方面"，接着，"二级方面"又能拆分成"三级方面"……以此类推。画成图像来看，待思考分析的大问题就是金字塔的塔尖，而拆分后的细分点（"方面"）就依次变成了不同层级的塔身，直到塔基为止。因此，金字塔原理法的关键可以总结为"以上统下、归类分组、逻辑递进"。在我们学习时，这个方法尤其能派上大用场：将一个大目标层层拆分，绘出一座金字塔；最后，为实现目标所要做的所有步骤，也就一目了然了。

举一个通俗的例子：

这个暑假，你准备接受一项愉快的挑战——阅读英文简写版的《哈利·波特》第一册！在开始阅读这本精彩的奇幻文学作品前，请你思考以下问题：

通过阅读英文简写版的《哈利·波特》第一册，我都能得到哪些收获？

- 提高多方面的语文能力
  - 提升阅读速度
  - 锻炼阅读长篇小说的能力
  - 提高逻辑思维与分析能力
  - 加强语感和写作能力
- 多维度锻炼英语水平
  - 扩大词汇量
  - 增强对长难句的理解能力
  - 夯实各种语法知识
  - 提升英文写作能力
- 获得各种阅读带来的乐趣
  - 避开炎炎夏日，足不出户感受书中魔法世界的乐趣
  - 大声诵读经典片段的乐趣
  - 亲子/同学共读一本书，互相交流阅读体验的乐趣
  - 写书评／读书感，回味与沉淀阅读感受的乐趣
- 其他综合收获
  - 提高想象力与创意能力
  - 从书中角色身上获取动力和鼓舞
  - 阅读后观看同系列影片的乐趣

再给同学们出一道练习题，请大家试着用金字塔原理法来进行思考：

升入六年级了！在小学的最后这一年，我都想体验什么、完成什么？

本课核心方法回顾

5W2H 分析思考法：

_____

_____

_____

鱼骨图分析法：

　　通过以下四步，寻找问题的根源，相应地制定最适合的解决方案。

　　第一步：_____

　　第二步：_____

　　第三步：_____

　　第四步：_____

金字塔原理法：

　　"以上统下、归类分组、逻辑递进"——将一个宏观问题（或大目标）层层拆分、由上而下分层细化，在绘出一座金字塔的同时完成对问题的拆解分析（或针对目标而制定详细的行动方案）。

合理减压，保持良好的身心状态

曾有许多同学问我："LEO 学长，我现在感觉压力好大，每天都好累。你能告诉我该怎样摆脱压力吗？"

凭自己的经历和对不同人的观察，我只能说："很遗憾，活在这个世界上，就算我们每天什么都不做，只是吃喝拉撒睡，也几乎不可能和压力绝缘。有些人应对压力的方法是逃避，比如，因为数学总是学不好而倍感压力的一些同学干脆放弃了数学，破罐子破摔，以避免和压力源正面交锋。然而我要说，这么做只是暂时麻痹自己，压力非但不会消失，还可能会恶化。"

实际上，压力没有人们说的那么不堪。英语里有两句俗语："Every cloud has a silver lining." "Every coin has two sides." ——凡事皆有两面性；压力也有好的一面。通过这篇文章，我要首先讨论压力的正面效用，转变大家对压力的认知，然后再分享自己抗压、减压的方法，希望能帮大家学会与压力和谐共处，从负重前行变成轻装上阵😊。

第 1 节 积极心理暗示法

压力，到底有哪些积极作用和正面价值呢？

压力可以使目标感更强，记忆力更敏锐。

适度的压力能显著提高学习效率。

适当的压力有利于增强免疫系统、保持健康状态。

身处压力环境中，创造力和竞技状态都会变强。

下面介绍我亲测有效的第一个抗压、减压的好方法。

第一个方法新颖度有限，但实用度满分，是我在压力剧增时的必备减压良方——进行积极的心理暗示，笃定地告诉自己："我能行。"

莎士比亚说过一句话："世上本无所谓好坏，思想使然。"即便是那些乍一看天大的苦事、愁事，也能在一定程度上被乐观向上的心态化解。相反，如果心态总是消极悲观，或者一开始就向困难和压力认输了，那么本来不那么棘手的挑战，也可能变成压死骆驼的最后一根稻草。

进行积极心理暗示的做法有很多，非常简单的一种是在身处压力旋涡时多说鼓励自己的话，除了上面提到的"我能行"，再和同学们分享我常用的积极心理暗示＋自我鼓励的"台词"：

"我是最棒的！"

"我一定会没问题的！"

"我这么厉害，任何困难都休想击败我！"

"这点挑战算什么？更大的挑战我都战胜过！"

"不管是什么压力，我都可以'兵来将挡，水来土掩'！"

"我 ×××（自己的姓名）是天下第一，有我怕的事儿吗？哼哼！"

　　大家别笑话最后这条有点"不可一世"的台词，这还真是有几次被短时压力和紧张感包围时，我默默对自己说的话，确实很有效。初中时有次参加全国级别的英语口语大赛，虽然在省级比赛中我轻松夺魁，一时间"傲视群雄、一览众山小"，但入围全国赛的所有选手都是各省区的冠军、亚军或季军，还包括数位"小海龟"——在英美国家生活多年的准外语选手。在后台候场时，有两三个来自"北上广"的选手略带优越感，目中无人地用比较纯正的英语大声嬉笑唠嗑，一个中文字都不说，可能也是有意用这种气势震慑其他选手吧。坦率地讲，在刚听到他们谈笑风生时，我是有点脊背发凉的，当时的想法是："这英语说得可太牛了，今天真是碰上强劲对手了！"

　　那一次比赛我的心气很高，目标是进入全国前五名，所以在后台听到这么漂亮的口语，没感到压力那是不可能的。但从小到大参加各种比赛的经历给予了我还算强大的心理素质，在"压力山大"了十秒后，我深吸一口气，然后徐徐吐出，一边看着那几个仍在愉快聊天的选手，一边对自己说："他们都是纸老虎，我李某人天下第一，没有人是我的对手……"

　　这句颇为狂妄的话我当时默念了至少五遍（如果没记错的话），用时一分钟。虽然自己是"天下第一"的概率为零，那场大赛夺冠的可能性也微乎其微，但这句话依旧提振了自己的士气，瓦解了不少或源于内心或飘散在四周的压力。有时候，你所做的积极心理暗示一定不要——注意，是"一定不要"——太"乖"、太合规矩，千万别只是一句软绵绵的"加油"，而是可以"不切实际"一点，充满霸气，甚至捶捶胸脯（此处不需脑补某种灵长目动物的经典动作），对自己说——

"Impossible is nothing. I can do it!"

除了口头上进行积极暗示为自己打气、驱散压力，同学们还可以尝试将自我鼓励落在纸上。做法不复杂：拿几张彩色便利贴，在上面用大号字写下正能量满满的话语，接着将这些纸片贴在自己经常能看到的地方，比如床头柜、写字台、书架上等。写得越生动越好（比如除了写字，还画代表"加油"的图案），贴得越多越醒目也就越有效。在背负压力前行时，如果你能被这些"加油贴"环绕着、陪伴着，你将会获得更多战胜当下挑战的勇气。无图无真相，下面这些就是我在备战某次重要考试前，在书房里为自己写的"LEO 加油必胜贴"。

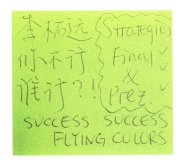 

第 2 节　他人经历排压法

在时间允许的前提下，我会使用另一种叫作"他人经历排压法"的方法来减压。这是我自己取的名，听上去有些玄乎，其实就是通过别人的境遇、经历来为自己纾解压力、重燃信心，有点"他山之石，可以攻玉"的意味。

你可以和同样身处水深火热状态的人结为战友，抱团取暖、互相打气。现实生活中身处相似的压力境遇，并且能直接交流的这些人，就构成了"他人经历排压法"中的第一类"他人"。

另一类"他人"并不存在于你的现实生活中，但也可以陪着你扛过现阶段的压力，他们必须满足两个条件：一是必须有过特别艰难、痛苦、不幸的境遇（"压力源"）；二是必须最终战胜了困难，完成逆袭并成为赢家（"励志行动"）。想必大家已经知道这样的"他人"何处寻了——没错，就是在文学世界和电影作品里。

高三上学期时，我向学校请假一个半月，闭关冲刺美国大学申请，将唯一的目标定在了耶鲁大学。虽然在那段热火岁月的多数时间里，我都是斗志昂扬、动力十足的战士，但也难免在夜深人静时被压力短暂侵袭，感到低落和焦虑，甚至怀疑自己：我，真的能考上耶鲁大学吗？

在这很苦、很累的几十天里，有一位榜样出现在了我的生活中，她帮我排解了压力，给了我许多力量。这么多年过去了，我对这位榜样仍然心存感激。她，就是美国励志电影《风雨哈佛路》的女主人公丽兹（Liz Murray）。这部电影根据真实故事改编，故事里的丽兹经受了常人无法想象的不幸，但她硬是在父母吸毒、酗酒和相继去世后，凭自己不服输的劲头考上了哈佛大学，漂亮地走好了自己的"风雨哈佛路"。

"如果丽兹在如此艰难的情况下都能圆梦哈佛，那么我为什么不可以考进耶鲁大学？"正是这位榜样和她的经历让我咬牙渡过每一道难关，最终迎来了梦想成真的那一天。

第 3 节　LEO 学长亲测好用的其他减压法

如果你真心想减压，就不愁没有办法。除了前面详细介绍的"积极心理暗示法"和"他人经历排压法"，我还用过不同花样的其他办法来为自己清除心理负担。下面再简单分享几种有趣的减压法。

"萌宠疗愈法"：累了、倦了、压力大的时候，试试和小动物亲密接触十分钟，这个方法对喜欢宠物的同学尤其有效。在哈佛商学院每学期期末考试前的复习周，学校教务处都会和波士顿当地的家养动物关爱协会合作，把"萌化了的"各种小动物请进校园，让学生们自由接触、抚摩。将温驯的小香猪、小羊羔、小兔子、小猫咪、小奶狗抱在怀里，和软乎乎的它们亲切互动时，一切压力和烦恼都会被抛到脑后呢。

"淋漓释放法"：畅快淋漓地做一件（正当的）事以起到减压的目的。"初阶版"的方式包括攀岩、喊山。耶鲁校园边上有座叫"东岩"（East Rock）的后山，读本科时，我经常趁周末从校园一路奔跑到东岩山山顶，俯瞰曼妙的耶鲁全景和不远处的大西洋，大声喊山或唱歌以纾解学业压力。

"猫式打盹儿法"：养过猫的同学一定会发现，猫咪特别爱睡觉，但它们的"觉"鲜有长时间的深度睡眠，而是"一小觉、一小觉"地打盹儿，短则十分钟，长的时候也很少超过一小时。英语里有个词叫"catnap"，直译过来就是"猫咪打盹儿"，和另一个词"power nap"（恢复精力的小睡）是类似的意思。实际上，当我们倍感压力和疲惫时，就一定不要再硬撑着继续干下去，那样只能事倍功半。此时，大家可以尝试"catnap"15～20分钟，哪怕睡不着也不要紧，只需闭目养神，尽可能放空大脑，让自己安静地与世隔绝一小会儿，就能或多或少减轻些压力、负担感。

"未来想象法"：再难过的坎儿，也总会有过去的那一天。与其深陷眼前的压力旋涡，不如尝试说服自己抽离出来，多想想度过压力之后的美好生活。中国台湾著名艺人蔡康永说过一段话，很能助人减压，我也曾做成手抄发在自己的微博上。在这里和各位分享：

挫折感很大、觉得很焦灼的时候，可以闭上眼睛，想象自己已经是十年之后的自己，置身一段距离之外，转头去看正在遭遇的那些事。练习这样做，心情可能会平静些，知道眼前这一切，都会过去。

#今天太大的事，明天也许甚至记不得#

LEO 的学习仪式感

最初的梦想

在本篇最后，我想再次说：压力一点都不可怕，全在于我们如何与之相处。希望大家能通过我介绍的几种方法，尽量减少压力产生的伤害、放大压力带来的积极效用。心理学家的研究结果也表明，很多生活特别幸福的人，绝非没有压力，而是在遇见压力时能保持乐观的心态、旺盛的斗志，进而在压力的驱动下，完成一件件让自己骄傲的事情。当然，他们也在不断应对压力、战胜压力的过程中，练就强大而宠辱不惊的内心。

同时，我也把自己的这份中文＋日文手抄送给同学们。这是陪伴我度过高压期、给予了我勇气的一首老歌的歌词——《最初的梦想》（日语原版：《銀の龍の背に乗って》）。

本课核心方法回顾

压力并非一无是处。处理好和压力的关系，还能获得诸多"好处"：

目标感变强，记忆力更敏锐；

_____ ;

_____ ;

适度的压力能提升创造力和改善竞技状态。

如何抗压、减压？建议尝试以下方法。

积极心理暗示法

他人经历排压法

其他方法还包括：

_____ ;

_____ ;

"猫式打盹儿法"；

"未来想象法"。

提高专注力，告别拖延变自律

专注力，亦即注意力，是指人的心理活动指向和集中于某种事物的能力。

专注力在学习中与压力一样，同样起着至关重要的作用。有教育家强调："聚精会神是最好的学习方法。""专注力，是我们心灵的唯一门户，意识中的一切必然通过它才能进入。"可以说，成绩的优劣，极大程度地取决于一个学生能否在学习过程中高度地集中专注力。

然而，保持高度的专注力说起来容易做起来难。就在我写完上一段文字的同时，我家的猫咪跳上桌来，我立即开了小差，伸手撸起猫来，猫咪惬意地呼噜着，用脑袋蹭我的手予以回应，这种行为持续了足有五六分钟，我才恋恋不舍地把专注力硬拉回到写作上来，不得不把断掉的思路重新拼装一遍。这是环境不清静的典型例子。

挑战专注力的因素有外在的，更多的则来自我们自身。境由心造，只有改变自己，才有可能抵抗和战胜外界干扰，提高专注的能力。本篇中，我将分享几种行之有效的提高专注力的方法，包括"番茄钟工作法""综合激励法""两分钟原则法""舒尔特方格训练法""快速数图形和数独训练法"等。希望这些令我自己受益的方法，也能助同学们一臂之力！

第 1 节　番茄钟工作法

首先要讲解的这种方法可谓风靡全球，近年来更是从西方传入国内，获得了越来越多学生的喜爱，这个非常有效的时间管理 + 效率提高的方法还有个生动的名字：番茄钟工作法。

番茄钟工作法之所以叫"番茄钟"，一种说法是因为欧洲厨师在煮番茄时会使用计时钟，以确定番茄烹饪的火候，而番茄钟工作法的精髓也包含一个或数个固定的时间区间（类似煮番茄所要求的固定时长）。这个方法由意大利的专注力管理大师弗朗西斯科·西里洛（Francesco Cirillo）在 20 世纪 90 年代初发明。

用一句话、几个关键词来概述"番茄钟工作法"便是：将一项工作、学习任务在一个或多个"番茄钟工作区间"内高度专注、毫不拖沓地完成。通常情况下，一个番茄钟工作区间规定为不间断的 25 分钟。下面详细地介绍操作方法。

第一步：准备好番茄钟工作法的"使用物料"。通常包括一个计时器（比如手机自带的计时器、手表、闹钟等）、一份番茄钟工作法每日记录表（见下表）、一支笔。

番茄钟工作法每日记录表			
	日期：	今日总番茄钟数：	
事件	番茄钟记录	预计番茄钟数	实际番茄钟数
今日任务完成情况小结			

第二步：确认当天需要以番茄钟工作法完成的所有任务，并基于优先级确定每件事的执行顺序与执行时段、大致用时。我在此环节的惯常做法有以下几个步骤。

1. 拿出在前一天晚上或第二天早晨列好的 To-do list（每日任务清单），具体可参考第二章"四象限记录法"一节（118页），清楚地了解当天所有要完成的事项。

2.（此步骤非必须）辅以四象限图表，同样可参考"四象限记录法"一节，明确各事项的优先级。

3.结合自己当天的学习日程，确定可用来完成各项任务的时段与时长——比如，和学习直接相关的任务自然安排在上学时段，无关的则放在放学时段。

第三步：（若时间紧张，此步骤也可跳过，但对想认真总结、评估个人番茄钟工作情况的同学而言较有价值。）基于第二步的信息，快速填好番茄钟工作法每日记录表中的"事件"和"预计番茄钟数"两栏。比如，本日的一项任务是"背完20个英语单词"，那么就可在"事件"栏填入"背完20个英语单词"，假设你预估此任务在100分钟内能完成，那么就在"预计番茄钟数"一栏填入"4"（如上文，每个番茄钟工作区间为25分钟：100/25=4）。同学们可参考下表。

番茄钟工作法每日记录表			
	日期：	今日总番茄钟数：	
事件	番茄钟记录	预计番茄钟数	实际番茄钟数
背完20个英语单词		4	
今日任务完成情况小结			

第四步：前面的铺垫都已就绪，此处进入重点。使用番茄钟工作法，开启一项任务！还是以"背完20个英语单词"这一任务来举例。

1.按下计时器，第一个番茄钟计时开始。在接下来的25分钟内，请你使出浑身解数杜绝一切干扰和诱惑，将屁股"钉"在座位上，全身心地扑在当前任务上，严禁开小差。保持这样的高度集中状态直到25分钟闹铃响起，第一个番茄钟工作区间结束。如果你使用了番茄钟工作法每日记录表，此时可以在当前任务"番茄钟记录"一栏相对应的空白处打第一个钩，意为完成了该事项的第一个番茄钟（见下表）。

番茄钟工作法每日记录表

事件	日期：	今日总番茄钟数：	
	番茄钟记录	预计番茄钟数	实际番茄钟数
背完20个英语单词	√	1	
今日任务完成情况小结			

2.暂停学习，进入5分钟左右的休息时间。此时可以起身做做伸展运动、喝水、吃零食、去洗手间等。休息期间无须紧张分分地计时，但一定不能休息起来没完没了哦！

3.休息停止，回到座位准备就绪，计时进入第二个番茄钟，继续上一个番茄钟内还未完成的任务。25 分钟专注忙碌后，再次进入休息区间（如第 2 步）。

4. 继续"25 分钟番茄钟工作—5 分钟休息"的循环，直到彻底地完成该项任务为止。

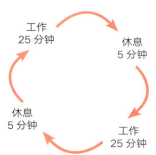

5. 任务完成后，在"任务清单／四象限计划表"中将该任务的状态更新为"完成"。如果使用了番茄钟工作法每日记录表，此时也将实际番茄钟数填入表内（见下表）。

番茄钟工作法每日记录表			
	日期：	今日总番茄钟数：	
事件	番茄钟记录	预计番茄钟数	实际番茄钟数
背完 20 个英语单词	√	4	4
	√		
	√		
	√		
今日任务完成情况小结			

再补充一下番茄钟工作法的三个注意事项。

第一，如果一项任务用时较长，同学们可以视个人精力情况而定，在每四个完整的番茄钟工作区间后，休息 20～25 分钟，以更好地补充体力。

第二，如果在某个进行中的番茄钟工作区间内受到了不可控的干扰，比如有人打断、突然要应对某件非做不可的事情，则立即停止当前番茄钟，并视其为作废（即使还剩两三分钟就到时也不行），然后尽快处理好这件"干扰项"事件，再重新开始一个新的番茄钟。

第三，如果一项任务过长，比如预计番茄钟数达到了八个以上，我建议大家考虑将其拆分成两个任务——上、下半场，以避免自己在进入任务最后阶段时因体力、脑力不支而影响了完成质量。

我在耶鲁和哈佛的求学生活有时忙得像打仗，但多亏了番茄钟工作法的"加持"，我才总能淡定、专注、高效地完成每一项学习任务。我想对同学们说，专注，真的可以变成你的第二本能。也许起初尝试番茄钟工作法时，你连熬过一个 25 分钟工作区间都倍感吃力，但如果你可以逼自己沉住气坚持下来，就一定能从艰难地完成一个番茄钟，进化到高效地完成四个、五个甚至更多个连续的番茄钟，在越来越长的时间内保持高度专注状态。你对我的话将信将疑？现在就试试看吧！

第 2 节　综合激励法

有同学说："我意志力比较薄弱，而且学习对我来讲真的太枯燥了，就连番茄钟工作法要求的 25 分钟，我都会觉得如坐针毡、随时可能崩溃……"

我非常理解这种苦衷。实际上，学习对多数人而言都不是一件享乐的事情。即使再爱学习的人，也一定有因功课而筋疲力尽产生畏难情绪的时候。坦率地讲，我同样会对不喜欢的学科作业怵头，因为"不喜欢、不舒服、累、烦"而偶尔分心。

但这些年，我一直通过有意识地设置"自我奖励"，来督促自己继续专注地学下去。方法并不复杂，只需要完成下面这几个步骤。

第一步：快速评估即将开始的一项学习任务是否有较高的"畏难系数"，即我是否可能会出于不喜欢这门功课等原因，在学习过程中开小差？如果答案是肯定的，则进入下一步。

第二步：针对这项"高畏难系数"任务，根据个人喜好，提前设置奖励。比如，我喜欢吃巧克力做成的一切食物，那么在开始学习前，我可能会提前买一块巧克力熔岩蛋糕，并将其切成几等份，放在不远处的茶几上。

第三步：在"奖赏"的激励下开始学习。比如，每完成一个番茄钟区间的学习，我就可以在休息间隙吃切好的一小份蛋糕，随后回到书桌旁继续学习；在经过第二个番茄钟区间后，再次"获准"吃一小份蛋糕，直到学习任务完成。

诸如此类的自我奖励可以有效地重建大脑条件反射：在心无旁骛地完成一部分功课后，就可以得到一个奖励（比如上述的巧克力蛋糕），这样一来，学习就变成了有奔头、有甜头的一件事，在学习过程中产生的痛苦就会逐渐降低，专注力也将显著提高。

如果你是一个很难管住自己的人，或者觉得"自我奖励法"还不够力度，那么还可以引入两三个同学，尝试通过"同伴激励法"督促自己提高学习时的专注度。你可能会问："啊？我一个人学都很容易开小差了，如果和别人凑在一起，岂不是更容易聊天分神？"

这个顾虑虽然不无道理，却也可以规避。此处的"激励"，不再是"奖励""犒劳"之意，而是换个角度——通过"惩罚"来强迫自己保持专注。

具体可以这么做。在开始小组学习前，和同伴们做好一系列不可违背的约定，比如：

· 未来两小时内，所有人必须完成这份数学练习卷；

· 在此期间，手机必须保持关机；

· 做题期间最多离开座位一次，且原因只能是上洗手间；

· 全程不许和其他同伴聊天、开小差。

凡是违背以上任何一项规定者需接受惩罚，比如，完成这次小组学习后，请所有人吃晚饭，外加为每位同伴买第二天上学时喝的饮料。

诸如上述的严苛惩罚，再加上小组学习时生成的良性竞争气场，一定会督促不少同学放弃开小差的念想，转而专注于做功课。

第3节　两分钟原则法

许多同学学习时容易分神，归根结底是由于"弦绷得不够紧"——无论做什么事都随心所欲，热衷于拖延，轻易就能被各种干扰源影响。这种现象从心理学角度解释再正常不过：人都是趋向安逸、放松的，学习或工作时耗费脑力、体力，产生不舒服的感觉，自然容易懈怠。

但为了更好地完成学习任务，我们不得不说服自己摆脱惰性，从日常生活的不同情景中锻炼自己紧凑、干练起来。这么多年来，为了让自己摆脱拖沓、提升专注力，我一直坚持践行"两分钟原则"。

简言之，这个原则的定义是——能在两分钟之内完成的事情，绝不拖到第三分钟才去解决。当然，此处的"两分钟"并不是指"精确的两分钟"，而是泛指"两分钟上下"的一段极短的时间。

生活中有太多不费吹灰之力便能在两分钟内搞定的事情，在这里分享我的"两分钟事项"不完全列表，供大家参考和实践：

· 每天清晨列好当日的任务清单。在固定时段（比如晨跑后）快速、有条理地列好，然后开始践行，绝不拖延。

· 别人发来邮件，只需你答复一个"行"或"不行"，或者回复简单的一句话，那么就在查收邮件后立刻完成，否则之后可能会遗忘。

· 垃圾箱满了，下楼倒垃圾只需两分钟，那么现在就做，不要拖到之后才解决。

· 学习时遇到不会做的难题，需要请教老师。如果你正在学校自习，且老师还未下班，那么现在就起身去办公室敲门请教。如果需要和老师预约时间，则立刻就发邮件。

·吃饭后立即把用过的碗筷、勺子等餐具收拾到厨房水池边，最好马上清洗干净，放置回碗柜。同时快速擦净桌子，不要等桌上的食物残渣都变干发硬了才处理。

·逛街时买的新衣服、鞋帽、生活用品等东西，回家后就立刻从购物袋中拿出，分门别类收纳到相应的橱柜里，不要把一堆袋子丢在地上了事。

基于自己多年的亲身经历，我要说：一旦严格遵循"两分钟原则"并最终养成了做事紧凑的习惯，学习专注度与效率都会显著提高。因为坚持做事紧前不拖后，我每天都拥有了比别人更多的可支配时间和高出一截的"生产力"。

从"两分钟原则"还可以衍生出"五分钟原则""十分钟原则"，虽然时间长度不同，但这些原则的精髓都是一致的：对于某项能在短时间内完成的事情，坚决敦促自己"Take action now and get things done quickly and well"（现在就行动起来，又快又好地把事情完成）。

第 4 节　舒尔特方格训练法

除了上述可以直接使用的专注力提升方法，我再介绍一个操作简单、效果显著，而且还有趣的日常注意力提高法——舒尔特方格训练法。

"舒尔特方格训练法"起源于美国，是解决专注力低下问题的良方。"舒尔特方格表"通常是一张由 25 个 1cm×1cm 的小方格组成的方形卡片，在这些小方格里随机填有阿拉伯数字 1 到 25，如下图所示。

7	22	18	4	11
1	10	23	14	19
8	15	2	25	9
13	12	24	6	16
3	21	17	5	20

　　看似简单的舒尔特方格表，却是备受不同人群青睐的注意力或专注力训练工具，就连飞行员、宇航员都经常使用呢！训练方法十分简单：利用空闲时间自制一定数量的舒尔特方格表，在每张表上的 25 个小方格中随机填好数字 1 ~ 25（也可以下载使用相关的手机 App）。接着开始计时，双目注视舒尔特方格表，从 1 开始尽可能快地找到并数完所有 25 个数字，然后停止计时，记录本次所用的时长。稍作休息后，以同样的方法开始下一张舒尔特方格表训练。

　　数完 25 个数字所用的时间越短，说明你的专注力水平越高。一般来说，平均找到 1 个数字用时 1 秒（也就是总用时不超 25 秒），则代表专注力优良。当然，你还可以尝试提高难度，比如在嘈杂的环境中（人来人往的餐馆）进行训练，加大力度，磨炼自己的抗干扰能力哦！

　　舒尔特方格训练法除了能帮我们提升专注力，还能锻炼眼球末梢的视觉能力，拓展视觉的广度。因此，我们的阅读速率也会逐渐提高，甚至在接受舒尔特方格训练一段时间后，解锁"一目十行"的能力。

第 5 节 快速数图形和数独训练法

　　和舒尔特方格训练法有异曲同工之妙的还有"快速数图形训练法"。练习方法也非常简单：准备一份（或多份）下页的图，图中包含实心圆、空心圆、实心菱形、空心菱形、实心三角形、空心三角形（也可选择其他图形）等若干种图形。

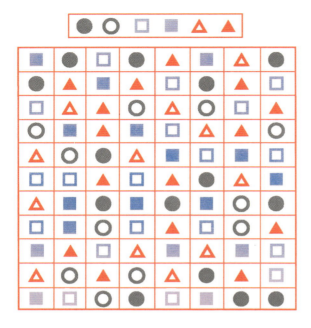

计时开始后高度集中注意力，尽可能快地数出每种图形的个数。用时越短、数得越准确，则代表专注力越强。

另一项对提高专注力大有帮助的活动便是数独了，相信很多家长朋友和学弟学妹对此并不陌生，甚至早已是数独的发烧友了！我多年前在旅途中看杂志时首次接触到数独，立刻就爱上了这项一个人也能玩得很开心的游戏。

简单来说，数独是一种运用纸和笔进行演算的逻辑游戏，要求玩家根据 9×9 表格中已给出的数字，逐步填出余下所有空格中的数字，并满足每一行、每一列和每一个"粗线宫"（3×3）内的数字均含 1～9，且不能重复。一个典型的数独游戏表盘如下图所示。

	5	4	3		6	9	2	8
		1	7			5	4	
6	2	9	8	5	4			3
8	3	5		4	1		7	2
	4	7	6		8	1	5	
	9	6	5	2	7	3	8	
	1		4	6		2		7
5	7	3	2		9		6	1
4				7		8	9	

数独乍一看只是简单的数字填空游戏，实际上却并不简单，高难度的数独九宫格更是需要相当的"功力"才能正确破解。在参与数独游戏时，同学们会高度集中精力于数字和空格间，通过专注的观察和缜密的推理尽快将 9×9 表格无一重复地填满。因此，数独游戏能特别有效地训练大家的专注力、观察力、逻辑推理能力，同时提高对数字的敏感度。想体验数独的同学可以轻而易举地在书店里找到各类数独书。我建议大家从"菜鸟级"的数独游戏做起，然后循序渐进不断提高难度，也许有一天你也能成为数独高级玩家呢！

本课核心方法回顾

番茄钟工作法：

_____

_____

综合激励法：

_____

_____

两分钟原则法：

提高时间紧迫感，养成"能两分钟之内完成的事情，绝不拖到第三分钟才去解决"这样的习惯，以这个原则鞭策自己高效地应对生活和学习琐事。

舒尔特方格训练法：

日常专注力训练的小妙招。可以自行准备材料，也可以通过手机 App 进行练习。

快速数图形训练法：

类似舒尔特方格训练法。可自行准备含有多种图形的图表，闲暇时间便可操作。

数独训练法：

一种非常有趣的专注力训练游戏，玩转数字的同时提高注意力和逻辑分析能力。

时间管理，让学习效率显著翻倍

从早到晚地听课、写作业和考试，仿佛一个旋转不停的陀螺。有同学因此抱怨道："每天都感到应接不暇，有没有好的方法规划时间啊？"

这恰恰是本课所要讲述的对策。越忙，越需要时间管理。

这些年来，我求学和工作多头并举，恨不得生出三头六臂，掌握幻影移形的特异功能。若非得益于时间管理方法，我大概已经疲惫、焦虑到崩溃了。根据亲身实践，我总结了几个必不可少的时间管理方法，其中包括梳理必做之事的主次缓急，将宏观的远期目标分解成若干子目标，然后落实到每日、每周和每月中，也就是列出每日的任务清单、做周计划和月计划等。

第 1 节　每日任务清单法

首先介绍的是"每日任务清单"，英文里称 To-do list。不少同学对"To-do list"这个词已经不陌生了。毫不夸张地说，我是把 To-do list 分享给国内公众比较早的人。在若干年前，我就通过一条微博，介绍了哈佛学生最常用的几种 To-do list 模板，阅读量已经超过 1000 万次。很多人在读过那条微博后纷纷用起了 To-do list，并且表示获益匪浅。因此，在时间管理章节，我要优先精讲 To-do list 的使用方法。

To-do list 的使用方法浓缩成一句话就是：将每天待完成的事项逐一写下来（比如记录在纸上），随后根据这张清单展开一天的忙碌。每完成一项任务后，便在 To-do list 上将相应事项划去（或在旁边打钩），代表"已完成"的状态。

To-do list 带来的好处主要体现在下图中的三点：

帮助我们避免遗忘，厘清头绪。

增强紧迫感，提高效率。

"解锁成就感"等积极的
情绪影响。

所以，不论你多"不忙"，每天也一定还有能让自己忙起来的事。退一万步讲，即使是吃喝拉撒睡，也都算是要认真完成的日常 To-do。只有把每天最细微、最琐碎的小事认真、踏实地完成好，你才可能不断进步、优化自我，逐渐找到并踏上"通向未来的路"。

我建议有上述困扰的同学从今天起使用 To-do list，即使是绞尽脑汁，也要把必做事项毫不含糊地列出来，随后敦促自己一项项地坚定完成。做事的过程必然有艰辛甚至苦痛，但完成所有任务后再回头看"来时路"，你一定能收获成就感带来的喜悦呢！

接下来跟大家分享一下哈佛等美国顶尖名校学生最常用的三种 To-do list 模板，我自己都使用过，既有"基本标配版"，也有"豪华进阶版"，同学们可以自由选择最适合自己的那一版。

To-do list 模板 1

第一种模板最简单直接，尤其适合刚接触 To-do list 的"入门选手"，或者日理万机的大忙人。下图所示的这种 To-do list 表由一目了然的三列组成：事项序号、具体任务和完成状态。为了便于大家参考，我在模板中填了一个例子。

哈佛学生常用的 To-do list 模板 1		
这是最简单直接的一种模板，填起来最快，适合每天忙得应接不暇的人。		
No. （序号）	To-do （任务）	Status （状态）
1	完成数学第二单元练习卷	完成
2		
3		
4		
5		
6		
7		

在高盛投行工作的两年里，我每天都应接不暇，所以用的一直是这个最简单的 To-do list 模板，也督促自己完成了别人也许要四五年才能搞定的工作量。

To-do list 模板 2

模板 2 是我本人最喜欢的一种。除非实在挤不出时间，我都习惯用这种 To-do list 来规划时间和任务。时间管理的一大关键，是把更多的时间安排到更重要的事情上，类似"二八原则"（或者"80/20 原则"）阐述的概念。这个模板的"妙"，就在于第一列"优先级"的分类——通过将一段时间的事项按照重要程度划分成高、中、低三个优先级，我们可以更精准地把握有限的时间，尽量把时间首先分配给最重要的 To-do 事项。

第二列"截止日期与时间"是基于上面第一种模板的进化。"状态"栏注明的只是某个 To-do 的当前进度（比如"完成""未完成"），而"截止日期与时间"能让我们更清楚地意识到，到底还有多少时间来完成某项任务，在必要时可以增强我们的紧迫感和提高我们的效率。

这个模板可以用于单日的任务与时间规划，也可以用于超过一天甚至几天的区间。当作单日 To-do list 使用时，所有事项的截止日期都是"今天"，因此可以忽略不填，只需注明时间节点的不同，比如"上午 11 点前""下午 2 点前"。

哈佛学生常用的 To-do list 模板 2			
模板 1 的进化版。加入优先级划分后，最重要的任务便一目了然了。			
Priority（优先级）	Due Date & Time（截止日期与时间）	To-do（任务）	Status（状态）
High（高）	6 月 10 日前	完成英语阅读练习册 P12 ~ 14	完成
Medium（中）			
Low（低）			

当用作一段时间的 To-do 规划时，截止日期便各有不同了，比如"本周一早上 9 点前""本周四中午 12 点前"。

举个简单例子：现在是期末考试周，所以优先级最高的任务必然是复习和考试，一切和学习无关的事项统统退居二线，成为优先级"中"和"低"的 To-do。在优先级"高"的事项里，时间靠前的考试又比靠后的更重要；又或是根据难易程度和复习所需时长——比如数学最令你头疼、复习时要下的功夫最多，所以备战数学考试就该是重中之重的 To-do。

To-do list 模板 3

第三种模板从文字可以看出，这种 To-do list 的整体基调更轻松，"要干的正事""要见的人""要买的东西""要去的地方""杂七杂八"这些分类更日常、更能调动学习动力，提高学习效率。如果你最近比较辛苦，不想再用一张"一本正经"的 To-do list 给自己增加压力了，就可以试试这个模板😊。

你只需要把 To-do 分门别类地写在这个表单上，不用注明截止日期和时间，当完成一个事项后，直接用笔将其划去即可，非常简单直接。所以，无论是从模板的架构元素还是使用方法来看，这份 To-do list 都可算是三种模板中最轻松的一种。

哈佛学生常用的 To-do list 模板 3		
风格比较轻松欢快，若不想给自己太大压迫感，可以试用这个模板。		
已完成的任务可以用不同颜色标出，或用横杠划去		
Do This [要干的正事（学习/工作任务）]	Need to Meet （要见的人）	Need This （需要的东西）
语文生词练习本作业	陈老师	2B 铅笔和三角尺
Be There （要去的地方）	Miscellaneous Others （杂七杂八）	
小图书馆	1点	在中山公园跳绳、跑步半小时

我不擅长断舍离，更是一直舍不得扔掉自己用过的 To-do list 记录本，因为每个本子都是自己生命的记载，具有非常别样的意义。前段时间搬家，我无意中翻出了自己过去十多年来记满的四十多个 To-do list 记录本，上面有自己考耶鲁、进高盛、做公司和读哈佛这一路的足迹。打开 2008 年年底备考耶鲁本科时用过的一本，看到每天密密麻麻的 To-do list 和为自己打气的手抄励志语，实在感慨万千，甚至百感交集。纵使手机、电脑已经强势成为我们生活中的重要角色，未来我依旧会以最传统的方式，用朴素的笔和小本子，记录自己每一天的旅程。

第 2 节　周计划法与月计划法

To-do list 固然非常有用，但也有其局限性，因为这个工具主要是对短时间内微观任务的实时规划和管理，但对覆盖更长时间段的宏观目标、计划却没有很大用处。

而时间管理的关键，不但在于高效利用眼前的每分每秒，更在于规划好每个以周、月、季度、年为单位的时间段内，都应该做哪些事、完成哪些长远目标。

我认识的美国教授和同学们常会说一句话：We should have a broader picture of what needs to be done over an extended period of time——我们应该清楚地知道，在更

长一段时间内都该完成什么事情。

周计划和月计划表，就是对 To-do list 的完美补充。前者宏观，后者微观，帮助我们在时间管理上运筹帷幄，不但明确阶段性规划，还要完成好当下每一项细微任务。

我是如何将周计划和月计划表与 To-do list 搭配使用的呢？通常情况下，都是"从最宏观到最微观"。首先，我会在每个月的最后一天展望、制订好下个月的整体规划，将不同分类下的各项目标整理出来，再预设好每一项的截止日期，填到月计划表上；其次，将每一项月度目标拆分成从开始到结束的数个"二级步骤"，按时间先后顺序填到周计划表上；最后，进一步将这些"二级步骤"拆分成最细碎、微观的 To-do，在每天早晨填到当日的 To-do list 上。

按这个逻辑规划自己的每月、每周和每天，你也可以更清晰合理、井井有条地管理时间，完成一项又一项大规划、小任务。

自己填填看：使用 LEO 学长的周计划模板，让这一周的事项一目了然！

板块			日期						
			星期一	星期二	星期三	星期四	星期五	星期六	星期日
	日常学习	语文							
		数学							
		英语							
		其他学科							
	课外活动	读课外书							
		羽毛球训练							
		看优质电影和电视节目							
		帮爸妈做家务							

说明："日常学习""课外活动"以及两个板块对应的项目只是参考范例，同学们可以根据实际情况自行进行修改 / 增减，接着填完不同日子所对应的具体事项。

自己填填看：使用 LEO 学长的月计划模板，让这个月的事项一目了然！						
1	2	3	4	5	6	7
完成语文第一单元所有生字词的复习						
8	9	10	11	12	13	14
15	16	17	18	19	20	21
22	23	24	25	26	27	28
29	30	31				

说明：1 号所对应的"完成语文第一单元所有生字词的复习"只是参考范例，请同学们根据实际情况，填完这个月计划表。

第 3 节　四象限记录法

四象限记录法（以下简称"四象限法"）是时间管理方法中颇具人气的"舶来品"，由美国著名管理学家史蒂芬·柯维在其畅销书《要事第一》中首次提出后，便迅速风靡全球，尤其深受国外大学生和职场人的青睐。在读本科时，我从一位经济学博士助教那里学到了这种比 To-do list 更"高级"的时间管理方法，也从此成了它的忠实拥趸。

四象限法解决的核心问题可以用五个字总结：确认优先级。从广义上来看，每个人都是身兼数职的多任务处理者，不同任务之间一定存在轻重缓急的优先级差异，我们理应把有限的时间和精力投入优先级最高的事情中。

四象限法将"优先级"进一步拆分成两个元素：重要性和紧急程度。看到"象限"两个字就能猜出，这个方法基于数学的二维坐标轴，如下图所示，横轴代表待办事项的"紧急性"，纵轴代表待办事项的"重要性"。使用四象限法，就是将所有 To-do 事项分配到四个坐标系中。

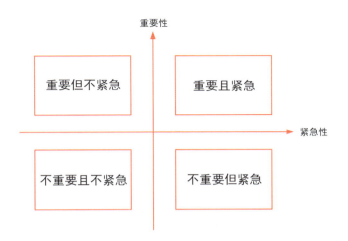

读到这儿，很多同学会问：如何判断一件事的重要性和紧急性呢？

一点都不难。

如何判断一件事是否"重要"？我的做法是问自己以下问题：

1. 这件事是否和我当前生活或学习的主题息息相关？

2. 如果不做这件事，是否会影响我生活的某个或某几个方面？是否会影响其他（尤其是后序）事项的推进？

如何判断一件事是否"紧急"？也不复杂，在绝大多数情况下根据一件事的截止期限来判断即可。

比如三天后，你就将迎来本学期的期末考试。那么，"复习备战期末考"就至关重要。这件事"紧急"吗？答案也是肯定的，毕竟留给你复习的时间只有三天了：要想在 72 小时后胸有成竹地上考场，现在就必须铆足了劲复习。

这几年，在四象限法的影响下，我渐渐养成了一个习惯：面对任何一项 To-do，我都会不自觉地用此方法迅速判断：这件事重要吗？紧急吗？然后将其归类到当前的优先级坐标系里。

基于重要性和紧急性将待办事项划入四个象限，只是时间管理的开始。接下来，我们该如何对待不同象限的 To-do 呢？

很多人的第一反应是：第一象限里的任务既紧急又重要，当然拥有至高无上的优先级。此话没错，但也只说对了一半。实际上，四象限法的精髓是：

尽量减少第一象限的事项，用更多时间和精力把第二象限的任务提前完成好。

因为，第一象限的事项最容易让人压力陡增，有时为了赶在截止日期前做完，甚至无法保质保量。这样匆忙而令人抓狂的状态，你想拥有吗？相信绝大多数同学的答案都会是"当然不想"。实际上，如果我们平常能紧凑些、高效些，许多任务根本都不该出现在第一象限，而是在第二象限就已经被"终结"了。换句话说，第一象限的存在，在很大程度上是日常拖延的结果。所以，我们要用超过一半的时间和精力完成第二象限的任务，尽可能缩减第一象限，为自己减负。

当然，如果一件事已经"无法挽救"地进入了第一象限，就要优先尽快完成。一旦拖延误事，就没有"第 0 象限"帮着托底了。

第三象限的事项既不重要也不紧急，是最"没地位"的存在，多半可以当作忙碌之余的短暂放松。

第四象限的事项不重要却紧急，也因此有些微妙。比如美术老师布置了一项作业需要用到毛笔和墨汁，但家里的墨汁刚好用完了。这时候，"尽快买到墨汁"就成了一件不算重要但时间紧急的事情，最理想的应对办法并非亲自去买（毕竟可以省下时间完成其他学习任务），而是请家长帮忙购买。

时间管理的方法不胜枚举，以上向大家介绍的，仅是我自己用起来最得心应手的几种方法。但是我要说，时间管理只是手段，绝非最终目的，大家千万不要在如何管理时间上掏空了心思，关键是要选择一到两种最适合自己的方法，坚持规划和执行，让时间变得越来越"多"。

另外还要提醒大家，时间管理能效的提升也遵循"熟能生巧"这个规律，不要妄想一口吃成胖子，恨不得今天就能凭上述方法变身时间管理达人，尤其要注意避免在 To-do list 上放置过多任务。太多的 To-do 事项只会让人狼狈不堪，进而因无法完成任务而倍感挫败。

同学们更可将本课中的方法和第二章"提高专注力，告别拖延变自律"一节（098页）中介绍的方法结合使用，效果更佳。我自己的习惯流程是：首先利用四象限法确认好一天中待办事项的轻重缓急，之后根据不同象限事务的优先级列好当日的 To-do list，接着在执行任务时使用番茄钟工作法，在每个单位时间内都全神贯注地学习、工作。

希望你也能和我一样，从有限的 24 小时里挖掘出无限的潜能，获得源源不断的充实感！

本课核心方法回顾

每日任务清单（To-do list）：

_____

_____

_____

周计划表／月计划表：

_____

_____

_____

四象限记录法：

　　一种划分"优先级"的时间规划法。将一个时间段内（可以是一天，也可以是更长时间）的所有待办事项根据"重要"和"紧急"程度，归入四个优先级象限。第一、第二象限的事项相对重要，第三、第四象限次重要。平时，应把更多精力用于完成第二象限的任务，从而避免第一象限"过于拥挤"，平添无谓的压力。

03

多学科均衡发展，
求学之路梦想成真

LEO 学长的七个必胜的学习习惯，助你乘风破浪

上课积极发言，促进思考

这是我从小学一年级开始便养成的习惯，直到进入耶鲁、哈佛读书时依然是课堂发言的积极参与者。举手发言能帮助我们保持注意力高度集中、跟紧老师讲课的进度、促进大脑快速持续思考，总之，就是一直处在"专注"的状态。

一些同学担心发言不好会被人笑话——千万不要有这种心态。就算说错了又何妨？只要能通过发言对课堂所学有更扎实的理解，便是好事。发言前可以快速在大脑里梳理观点，但无须像做演讲那样准备得滴水不漏。英文里有个说法是"talk to think"，大致可以翻译为"通过说来进行思考"。做课堂即兴发言的同时也是在进行一次即时思考，对锻炼逻辑思维大有帮助。

另外，如果上课时碰到没听懂的内容，也可以及时举手发问（在不影响课堂进度的前提下），不要因为不好意思而把问题捂在心里，这样可能导致接下来的内容也听不明白，进而出现知识盲点。

劳逸结合，高质休息，避免熬夜

学习勤奋刻苦是好事，但凡事都有个度，我绝不建议大家为了学习而废寝忘食，尤其是在小学阶段需要保证充足的营养和睡眠，毕竟还在茁壮成长呢，千万不要本末倒置，透支了幼小的身体！

很多朋友曾问我：LEO，你从小就习惯熬夜学习吧？看你分享的日程安排，往往忙到深夜才会睡觉。

统一回答大家：完全不是。我曾分享的"我的一天"，都是我在哈佛读 MBA

期间和近年作为职场人的日程。

其实直到高三前，我都坚持"能不熬夜就不熬夜"的原则，小学时通常在九点多便会洗漱睡觉，一觉睡到第二天早上六七点，在童年时期保证每天九小时以上的睡眠；即使上了中学，也鲜少熬到十一点之后。

睡觉实在是很重要的一件事，学弟学妹们千万不要以熬夜为荣。相反，三天两头熬夜晚睡是很不明智的，甚至愚蠢的。大家一定要在白天时尽量紧凑、高效些，力争又快又好地完成学习任务，不要把一堆作业拖到晚饭后才解决。

读小学时，我经常在放学前后就把当天作业搞定了，接着很从容地开启"自由支配时间"，跑跑步、读读书、看看报，和家人聊会儿天，然后结束美好的一天。

不在安逸的卧室里学习

从小我就相信一个道理：卧室是安逸放松之源。所以，珍爱学习，远离卧室。

——当然，我是在半开玩笑，卧室也不一定和学习如此相悖。不过我的确养成了这个习惯：只要是正经学习（比如写校内作业），就尽量去教室、自习室、图书馆等公共学习空间；即使在家，也会选择书房甚至客厅，但通常不待在自己的卧室学习。

卧室，顾名思义是"躺着休息、睡觉"的房间，童年时的卧室里大概率还少不了玩具。无论是"睡"还是"玩"，都是真切存在的诱惑，是学业的干扰项啊！

哪怕一个人自控力很强，拍着胸脯说："我很有自制力的，学习时不会随便倒在床上犯懒"，我也依然不建议在卧室学习，因为"卧室"的气场真的过于安逸、舒适。如果想打起精神、心无旁骛地学习，还是到更有"学习味儿"的场所会更好呢！

书桌清爽，减少干扰

大家可能都听过"断舍离"这个概念：摒弃无用、无谓、冗余的物件（或情绪），还生活环境和身心一片轻松与清爽。在学习场景里也是如此，尤其是在打理朝夕相处的书桌时，如果在桌上东一摞书本西一堆习题，外加纸、笔、橡皮等各种文具，以及零食、小摆设、照片等和学习无关的物件，那么干扰项就太多了，一眼看去满是杂乱，学习状态和效率必将打折扣。

我至今对妈妈当年的写字台印象深刻。那是一张不大的、充满简洁感和"清爽感"的长方形木桌，上面放着一盏使用多年的台灯、一个小巧的笔筒、一台录音机，以及一叠码放整齐的课本和教案，除此之外便什么也没有了。妈妈在这张干净清新的书桌前备课、写作，幼小的我在她身后默默看着，也会被纯粹、专注的研习气氛深深感染。

受妈妈的影响，我从读小学一年级起便养成了"书桌上只放重要的学习材料和工具，其他全部断舍离"的习惯，并且每周仔细清理、更新一遍桌上物品，比如将已经学习完毕、之后不会再看的教辅淘汰到旧物收纳箱里，取而代之的是新一阶段的学习材料。

书桌整洁干净了，心情也会清新起来，学习状态便有了最基本的保障。

不同学科配专门的笔记本和错题本，不混用

这么多年来，我在买学习笔记本时从未吝惜过钱（当然了，用的本子多是最便宜朴素的"基本款"）。每学期伊始，到文具店统一采购一批崭新的笔记本，每个学科至少配两本，语、数、英三门主科会准备 3~4 本。笔记本分为两种：课堂笔记本和错题本。前者用于实时记录课堂所学，后者用于归纳课后作业和考试中出现的各类型的错题。

我强烈建议大家分学科使用笔记本，尽量不要在一个本子上这也记那也记，前一页还是英文难词和语法点，后一页又变成了理科公式。这样丝毫没有条理的

"大杂烩本"，非但不会对学习有帮助，反而可能耽误知识点的系统归纳与巩固。最可能出现的一个情况是"找不着"——哎，我前两天记的 × × 数学公式上哪儿去了？翻啊翻啊翻，哦，总算找着了！在 × × 唐诗前面的一页……

记笔记对提高学习成绩至关重要，同学们不要轻视，也不要想当然地"随便记记"。如果大家能从小学起便养成清晰、有条理地记笔记的习惯，就会在此后多年的求学之旅中获益良多。

学习资料分门别类放置归档

这是和分学科、分场景使用笔记本类似的一个习惯，我在此就不赘述了。一句话总结：在日常学习中一定要有条理，各类材料及时归置好。课本、练习册、教辅、试卷、笔记本、学习工具等尽量不混放；不同学科的资料最好分开整理、收纳，可以在文件夹、文件袋上通过贴醒目标签来标注关键词，方便查找使用，比如"本学期语文诗词练习卷""9 月英语第一单元新单词作业"。

和优秀的学长、学姐交朋友，虚心请教

除了善于"抱老师大腿"、在老师面前不懂就问，和成绩优秀的学长、学姐交朋友，虚心向他们请教，也是我近二十年学生生涯的制胜法宝。

这里的"学长、学姐"指比自己高一年级的学生，他们刚刚完成的学业正是自己即将开启的新一段学习之旅。从上小学三年级起，我便开始通过学校社团活动结识成绩优秀、性格开朗、乐于交流的学长和学姐。我不但和他们一同玩耍、一起参与活动，还会虚心向他们求教，比如在学期结束后、假期开始前：

·借阅学长、学姐还热乎的各科学习笔记、练习册、考试卷；

·询问学长、学姐各科的学习重点和难点，尤其是他们觉得最难学好、最容易出错的知识环节；

· 提前初步了解新学年的新老师、课时安排和课业量，并相应制订自己在下学期的日程安排与计划；

· 把优秀的学长、学姐当作榜样，通过和他们聊天获得满满的动力与激励。

在学期中如果遇到学习困惑，我也会抽空找学长、学姐吃个饭、聊聊天，请他们为我答疑解惑。总之，学习绝不该是闭门造车，而是应当有意识地向老师和学长、学姐求教、借力。如果学弟学妹们养成了这个习惯，就已比同龄人领先了至少一小步啦！

LEO 手把手教你如何学好语文

从小到大我都坚信：学语文是一件不断感受美的乐事。为何这么认为呢？因为中文是博大、丰富、瑰丽的一门语言，蕴含着中华民族历朝历代的文化智慧。我在耶鲁和哈佛留学时，曾多次同美国好友们聊起与"语言"相关的话题，大家无一不对中国语文赞叹有加：

Chinese is beautiful, but also so hard to learn and master!
（中文是美丽的，但学习和驾驭起来也是非常难的！）

此生能以中文为母语的我们是幸运的，同学们应带着感恩之心学习语文学科。从咿呀学语的婴幼时期，到飞速学习字词句文的小学六年，再到啃读古文的高中时代，我们一直在身体力行地领略语文之深、之广。语文是我们行走世间的一项基本硬核技能，因此学好语文对每个人都至关重要。

我最后一次上语文课得回溯到十多年前的高三了，犹记得老师在那"最后一课"上分享作为中文系学生和语文科任老师近二十年的各种幸福回忆。说话时她笑中带泪，而在台下听讲的我们也被她对语文学科和教学事业的热爱深深打动。印象尤其深刻的是她的这句话（原意如下）：

语文不难，但也不简单。语文是慢工出细活、是细水长流、是需要时间的沉淀、是需要耐心积累的学科。学语文贵在平时，贵在一如既往的坚持。

基于自己学语文的过往经历，我也想说：

和其他学科（尤其是理科）能短时间突破提分不同，语文很难一蹴而就。若

想学好，就得日复一日地用功。

以上也是我给大家的第一项语文学习建议：不要奢望突飞猛进、一口吃成胖子。学语文，就是把心静下来之后，多多益善地积累。

如何积累？积累什么呢？

通过课内熟读课文和课外广泛阅读，积累好词、金句、佳段，积累对写作有帮助的知识和观点，积累综合语感。

所以必须再次强调这一条建议：多读，一定要多读。无论是学外语还是学母语（语文），只要阅读量上来了，语感就在潜移默化中进化、变强了。

语文从不是"孤立"的，而是和包括历史、地理、艺术、哲学在内的多领域融会贯通的学科。无论是基于我本人还是其他学霸的学习经历，我们都能得出一个结论：

语文学得好的人，书一定没少读。

小学阶段是学习语文的发力期，也是广泛涉猎课外好书的黄金期。大家一定要意识到目前学的语文是和不同学科交互的"大语文"，博览群书便是学好大语文的重要途径。比如，我上小学时酷爱读《史记》和《上下五千年》，而这两部作品教给我的丰富历史知识不但是帮自己"长见识、拓视野、阔格局"，更是辅助我更快、更好地完成与之相关的课内阅读作业，同时还能作为生动翔实的作文素材。

当然，因为时间和精力有限，大家需要精读和速读搭配着来，这两种阅读的具体方法可以回看第一章"掌握速读，更快获取关键信息"（033页）和"学会精读，深入领悟把书读透"（048页）两部分。另外在本书的第五章"小书虫一枚：LEO哥哥年少时的书单大揭秘"一节（197页）中，我也分享了自己在小学时的不完整书单，同学们可以做个参考。

说回小学语文学习的另一个核心要素：字词。想必很多同学刷到过"辅导熊孩子写作业"相关的视频吧。视频中的孩子们"一本正经",又或是一脸无辜地闹出各种字词错误的事情(比如把蝴蝶拼读成"蝴 dei"),把家长气得要发抖。

字词是语文学习之基,如果这一块没掌握好,那么在阅读题和作文题中拿高分就几乎免谈了。读小学时,我曾用下面几种方法夯实字词基础。

经常听写练习。熟记字词和背英语单词时都可以借助"多感官刺激记忆法",除了用眼睛看,最好还能用耳朵听、用笔写,通过调动多重感官来加深印象。那时我在老师的建议下专门买了与课本配套的字词朗读磁带,几乎每天都抽出十分钟听写新学的字词(包括对应的拼音),出现错误的马上重来一遍,直到写准记牢。

建立字词学习本。每周复盘过去一段时间新学的字词,尤其把笔画复杂 / 读音易错的字、具有多重含义的难词,以及形近字分类总结,多次复习。

重复誊抄。字词的熟记有个过程。对于那些"别扭"的、难写难记的字词,我会专门在白纸上多次誊抄和记忆,直到把笔画、笔顺等元素转化为出错率极低的肌肉记忆为止。

小组互考。考前和学习小组的伙伴们互相出题,着重考查大家公认最易错的字词,及时查漏补缺。

只有把字词掌握扎实了,才能更好地连词成句,学习更长的句段和文章。

再说一说课文。除了字词,课文也是语文学习的重要基础;换句话说,课文就是语文学科各知识点的载体,无论是字、词、句,还是文学知识、修辞手法等考点,其实都源自课文。所以大家一定不可忽视课文,尤其不要想当然地觉得:只要博览课外群书,语文考试就能得高分。

小学时我应对课文的方法有以下几个。

听课文录音,之后大声朗读。这个习惯依旧基于"多感官刺激记忆法"。课文不能仅是默读,还该通过听觉和自主发声来强化理解。小学时的我习惯在早餐或午休时播放当天课文的录音，接着独自大声朗读两三遍课文（不包括早读课的全班齐读）。通过自主朗读来熟记字、词、句，同时强化语感。

熟背。除了把老师布置的必背段落背得滚瓜烂熟，我还时不时给自己加点码，多背一两段甚至全文。很多同学抵触背书，觉得"又烦又没用"，其实不然。课文是经过了精挑细选的，从行文逻辑到遣词造句都很优秀，多背几段绝不会让你吃亏，反而能助你提高语感和字、词、句的积累，进而强化阅读能力和写作能力。

做多色批注。我的语文老师曾说，"要想语文学得好，书本就不能太干净"。学课文时一定要做批注笔记。我会用不同颜色的笔画难词、修辞方法、中心思想，以及写下自己的思考与疑问。这些多色批注对复习备考的帮助尤其大。

关于古诗和古文学习，我的建议有以下两点。

把背古诗变成充满乐趣的学习活动，比如亲子共读共背，可以调动孩子们学古诗的积极性；又比如下载一些背古诗的歌曲、视频，边听边唱边背，效果通常有明显提升。

开始学习古文 / 小古文前做好"热身"铺垫，比如提前多读和小古文的主题、角色有关的书（如《史记（少年版）》《三字经》），从而熟悉与古文相关的文化历史背景；还可以多读成语故事、提高成语知识储备，因为成语多源自不同朝代的典故，有着"古色古香"的语感；熟练掌握更多成语后，学起古文来也会快一些。

关于作文的建议，请大家回读第一章"写作入门：刻意练习，厚积薄发"部分（058 页），爱写流水账的同学们尤其要细读。

对了，再给大家推荐一些对学语文有帮助的节目吧。语文学习不止于课内，但应该始于课内。除了阅读课外好书，抽空多看优质的语言或文化类节目也会让你获益匪浅的！比如：

《中国诗词大会》　　　　　《中国成语大会》

《汉字听写大会》　　　　　《百家讲坛》

《见字如面》　　　　　　　《朗读者》

《神奇的汉字》　　　　　　《国家宝藏》

《舌尖上的中国》　　　　　《典籍里的中国》

《风味人间》　　　　　　　《央视主持人大赛》

《经典咏流传》

LEO 手把手教你如何学好数学

数学是让很多同学头疼的学科，不少同学谈数学色变，哀叹"数学怎么这么难啊！""好讨厌学数学，能不能不学哇……"

大家之所以对数学发怵，多是因为在某个时间点、某次作业或某场考试中碰到了让自己卡壳、丢分的难题，进而对数学产生了最初的抵触感、畏惧感，而这种感觉又随着之后遭遇更多不会做的题目而不断叠加，身边同学对数学的叫苦不迭也同时"火上浇油"，最终形成恶性循环，导致很多孩子对数学彻头彻尾地厌恶、惧怕，甚至放弃。

在分享自己的数学学习要领前，我想先以有点"老干部"的风格跟大家说两点。

首先，数学很重要，即使不爱学也要加油说服自己：不能随便放弃！不管小升初、中考、高考如何改革，数学都是雷打不动的主科，在总成绩里的占比足以影响升学前景——这可能令一些同学无奈，但确实是我们无法改变的事实。另外，即使抛开成绩这个考量不谈，通过学数学所锻炼的数理分析能力对今后的人生都有重要作用，小到规划日常开支，大到胜任各项职场中的任务。因此，数学必须学，也要尽可能学得好一些！

其次，大家不要轻易觉得数学是不可战胜的老虎，尤其不要还没学就吓唬自己，觉得"别人都说难，自己肯定也悬"。我从幼儿园中班直到哈佛 MBA 毕业、从最简单的 1+1=2 到完成高等数学的学习，和数学打了超过二十年交道，也得出一个结论：数学其实是很有规律可循、有道理可讲、有非黑即白的正确或错误答案的一门学科。不像语文、英语等文科，除了填空题和选择题，还存在没有标准答案的阅读理解和作文等题型，一个学生可能在文字或文学上天赋异禀、才华横溢，却未必能在文科考试中拿高分。而数学就不同，只要把知识点掌握扎实、题目做熟做透，就大概率能拿到好成绩（除非临场发挥失常）。

好了，"老干部"讲道理完毕。下面跟同学们分享几点数学学习经验，读起来不一定新颖，但都是我亲测有效的门道。

第 1 节　课本很重要，会跑之前要先学会走

对数学而言，学习材料的重要性排序应该是：课本 > 校内作业与试卷 > 与教材同步的课外教辅 > 拔高难度的课外教辅。数学课本永远是学习的基地大本营，课本中的知识是一切延伸、拓展的基础，所以大家一定不能轻视课本每一页的内容。先把课本讲的知识点弄明白了再做作业，把课内作业的错题订正妥当了再做课外加码练习，这才是循序渐进。

我曾见到一些同学急着进步突破，课本没看明白就开始做教辅题，甚至寄希望于通过挑战难度颇高的奥数题来"倒逼"自己掌握课内所学——这些都是揠苗助长的行为，最后非但不能提高数学成绩，反而可能被挫折感伤了信心，实在没必要。

会跑前通常得踏踏实实地把走路学会；数学也是如此，在达到轻而易举破解难题的高段位前，一定切忌眼高手低，切勿轻视了最基础的课本知识。

第 2 节　公式和定理的背后奥妙要搞懂

把"数学"这个笼统概念拆解出来，无非就是一个个、一套套的公式和定理。把公式、定理的奥妙透彻地搞定了，数学学习就成功了一大半。

什么是"奥妙"？不故弄玄虚，其实就是公式、定理之所以成立的逻辑、道理、原因，比如，为什么"内错角相等，两直线平行"？比如，为什么梯形的面积公式是（上底 + 下底）× 高 ÷2？

怎样才是"透彻地"搞定这些奥妙？这里画重点：透彻，就是完完整整、里里外外，全部都搞懂，而不是浅尝辄止，只死记硬背公式或定理本身。如果像背

语文课文那样去背诵数学公式，那么在碰到"很傻很天真"的基础题时尚能应付，但如果老师出个加了难度的变体题，或是在题目里埋了小陷阱，只机械记忆公式本身的同学就可能招架不住了，因为他们没弄明白：这个公式为什么"长这样"？为什么是这么计算的？为什么不是另一种算法？除公式本来的模样之外，还能怎么演变？

所有数学题归根结底都是在考查公式和定理，以及它们的各种变体、变形。所以大家要习惯"透过现象看本质"，抽丝剥茧地获悉公式和定理背后的逻辑与推导过程。只有把"根儿上"的东西学明白了，才能熟练驾驭各类难题、陷阱题。

第 3 节　知识难点如何内化？当小老师讲给别人听

总有些知识点掌握起来比较费劲儿，还有一种情况很常见：上课时好像听明白了，但等做题时又拿捏不准、生疏了；或者自认为已经掌握了某个知识点，做题时却哐唧出了错——这些其实都是还没完全把知识内化好、还没做到信手拈来"为我所用"的典型情况。

如何把这些半生不熟的数学知识点彻底变成自己的东西呢？我当年最常用的方法就是五个字：讲给别人听。

最好找一个没接触过待讲知识点的亲友，比如爸爸或妈妈，接着尽可能详细地把知识点相关的内容和例题以通俗的语言讲解出来。如果你的"学生"听明白了，就代表你掌握了这个知识点；如果对方还没听懂，甚至一头雾水，你就重讲一遍（可以换个方式），直到他们彻底听明白了为止。通过当小老师给别人讲，你其实也在夯实对知识点的理解。

此方法对数学学习尤其管用，还有个专门的名称：费曼学习法。

第4节　及时亡羊补牢，绝不让知识盲点耽误之后的学习

数学是很典型的循序渐进、难度渐长的学科，从起初大家都能嘻嘻哈哈轻松学会的 1+1=2，到后来让很多人压力山大的几何证明题、高数题（孩子们先不用担心这些，都是中学之后的内容），定理和公式越来越多、越来越繁复。如果想构筑一个稳固结实、以后也不"塌"的数学知识体系，就要认真对待每一个知识点，不要想当然地觉得：某某知识点没搞懂也没关系，这学期过后就不会再出现啦！

实际情况大概率将是：即便它在下学期不出现，也会在一段时间后卷土重来，并且是和其他难度更高的新知识点一起回归。因此，如果起初没有扎实掌握这个知识点，以后和它的重逢就不太愉快了；而再次遇见时如果不花时间将其搞懂，就势必影响新内容的学习——数学知识网中的漏洞由此出现！

所以数学学习的一大关键是"防微杜渐"，一旦出现知识盲点、弱点，哪怕只是苗头也要及时消灭，尽量不"放任自流"。对于不懂的定理公式、不会做的题，马上回归课本和课堂笔记，必要时果断请教老师，直到搞懂为止。数学学得好并不需要过人的理科天赋，但一定需要踏实细致、及时查漏补缺的精神。

第5节　杜绝题海战术，有的放矢地精准练习

要想数学学得好，做题练习不可少。做题是巩固知识基础的好途径，但题海战术真的不可取。有句话说"做题做得都傻了"，还有句话说"越刷题越把自己整不会了"，这些都是确实会发生的情况。盲目地疯狂刷题容易事倍功半，甚至越做越糊涂、越慌。数学题更要聪明地做、有的放矢地做。

我从上小学开始就养成了这个习惯：开始做题前先回归课本、作业与试卷，快速复盘梳理，确定以下信息。

a. 哪些知识或题目出错率最高、最一头雾水、最蒙？

b. 哪些知识或题目未完全掌握，虽然总体尚且过关，但仍可能卡壳、出错？

c. 哪些知识或题目已经成功内化，达到了极高的正确率，无须继续加练？

接着根据这三种分类，有侧重地规划做题练习。

a 类重点做，分配至少 80% 的时间和精力；

b 类适量做，分配余下 20% 左右的时间和精力，尤其练习此类中的典型易错题、陷阱题；

c 类原则上不做任何课外加练，只需定期温习巩固。

大家可以按上面两个步骤来规划课外的数学加练。这两个步骤当然也适用于其他学科，尤其是理科科目。

第 6 节　养成总结错题、阶段性复盘的习惯

这一点我就不在此赘述了，只想再次强调：数学学科实在太适合做错题总结和阶段性复盘！出现错题马上消灭、定期重练、全面复盘，对长期可持续地学好数学有百利而无一弊。我在小学时就开始整理数学错题本，分门别类查清错因、做好订正，考前拿出来仔细翻看，帮助确实很大。

关于如何做错题总结（包括我的错题本模板）、如何完成阶段性复习 / 复盘的方法，同学们可以回看本书的相关章节。

数学高手们：挑战更高难度，越战越勇，充分享受数学

这一条写给每一位数学高手。如果课内知识你已经掌握得很扎实、考试成绩也总是名列前茅，那么就在精力允许的前提下百尺竿头，更进一步，挑战难度更高

的数学题。你可以提前预习下一学年的新知识，或是自学奥数。数学的世界斑斓广博，而不断学会新知识、正确解出难题的过程能给予我们满满的成就感。从小学三年级开始，我就利用课余时间接触奥数，在数学的海洋里尽情徜徉。做难题对我而言是其乐无穷的一件事。

如果你本身喜欢数学且学得不错，就一定别辜负了这份兴趣和天赋，多多拓展学习，多多感受数学无与伦比的魅力吧！

LEO 手把手教你如何学好英语

　　我和英语初次邂逅的时间并不早。直到上小学三年级时，我才第一次在学校的英语课上学习 ABC。

　　人生中第一节英语课的场景至今历历在目：一位年轻洋气的女老师，风一般地踏进教室，开口就是不打磕巴的英语，引得同学们（包括我）不禁"哇"地惊叹——虽然我什么都听不懂，但打心底里佩服，可谓五体投地。

　　如今，经过一路求学和工作的历练，我的英语也逐步变成了自己的"第二母语"。

　　这几年一直有学生和家长问我关于学英语的问题。教英语并非我的工作，但借此次写书之机，我想结合自己学英语、用英语超过 20 年的经历，真实直白、言简意赅地分享一些关于英语学习的建议，希望能帮同学们尽量少走弯路、尽快找对路子，尽可能踏踏实实地提高英语水平。

第 1 节　单词

　　字、词是所有语言的基础。背单词是令无数人头疼的事，但我不得不说：要想英语学得好，单词储备不可少。

　　不要轻信"抛弃单词书，流利说英语"之类的广告词，那只是吸引人掏钱埋单的套路。哪怕你没有英语考试压力，只想应付日常的简单交流，也不可能绕过单词这一关。

　　单词，要沉住气好好地背。什么是"好好地背"？首先，单词脱离了语境就如同鱼没了水，背单词时一定要结合例句、语段；其次，绝不能只把中、英文意思颠来倒去背会了事，而是要精通一个词的不同形式和用法，不只是在文章中能读懂的那种"用"，而是自己写英语作文时也能正确使用的那种"用"。只有这样，才算真正掌握了一个单词。

哈佛学霸的六步鸡血背单词课

假设你当下有充足的背单词的时间，那么：

要有一个合理预期，不可能一口吃成胖子。

在复习一个刚背完的单词时，如果用了超过 5 秒才勉强想起它的意思，那么这个单词背的不算过关，必须重新背至少一遍。

复习时不能只看着单词回忆中文释义，必须完成"英到中、中到英、不同词性、变体时态、例句回顾"的全套流程。

如第一章"晨起 / 睡前记忆法"一节（029 页）所介绍的：晨起和睡前背单词的效果更好。

推荐尝试我的"六步鸡血背单词法"，亲测有效。

第 2 节　语法

另一根啃起来很痛苦的骨头是语法。众声喧哗中不乏"语法无用论"，但这必须具体情况具体分析。如果你只想在出国旅游时能"蹦"几句英语，倒是不必过分纠结语法；但只要是学生，就得尽可能硬着头皮把英语语法一点一点学明白，遇到没明白的千万别浅尝辄止、直接放弃，必须赶紧找老师请教彻底。否则，你懂的——在诸如完形填空这样的题目里，就得丢分了。

如果你有志到说英语的国家留学，或是日后用英文工作，那语法更是至关重要。

在上初二时，我曾经花两个月时间完整攻克了英语语法，那是一段艰苦卓绝的岁月。和绝大多数人一样，我也讨厌枯燥至极的语法，但所幸我一直怀揣着"玩转英语"的梦想，所以在老师多次强调了语法的重要性后，我买回一本好评度很高的语法书，开始了和各种时态、各种句子结构打交道的自学之旅，每天利用课下时间啃语法书、做练习题，隔天带着问题找老师刨根问底。

不夸张地说，两个月下来，我的英语能力提升到了另一个境界。最明显的感受是"一切都通了"，我掌握了这门语言背后的逻辑和原理，不再只是机械地背单词、写句子了。这种先苦后甜的通透感特别好，只有自己试过了才知道哦！

第3节　听力

很多人最重视的是口语，毕竟说话时最能显现英语能力。但我要作个类比：单词和语法是爬，阅读和听力是走，写作和口语是跑。如果没有扎实的英文功底，口语怎能说得流利且高级？

要想口语好，听力尤其少不了。对于初阶、中阶的英语学习者而言，听力尤为重要。因为做听力实际上是在模仿。只有听得多了、模仿得多了，大脑吸收的纯正语音、语调和地道表达用法才更多，轮到自己说的时候才可能"张口就来"。

前文提到，初中是我英文能力突飞猛进的关键阶段，在老老实实背单词、啃语法的同时，我也坚持完成了大量的听力、听写练习。

初中时打下的扎实的听力基础让我获益无穷。高一上学期某天，我心血来潮下载了一套托福模考题，在毫无准备的情况下竟然做对了将近四分之三的听力题！高二和高三时参加英文辩论赛、模拟联合国大会，我也几乎没在听力理解上遇到任何阻碍。

再补充一条建议：选择听力材料时千万别设限。既可以采用正统、经典的教材，也可以多听海外广播、流行音乐，多看英文原声电影。大量地听、听得杂，对磨炼耳朵大有裨益。

第4节　阅读

和听力一样，阅读也在英语学习中扮演着承上启下的角色。很多人问我为什么总能先同龄人一步，提前达到更高的英文水平，我的一大诀窍就是阅读：读得杂、读得频，大量读，精读和泛读相结合。

从小到大，学校里常规的英文课本从没"满足"过我，别人一学期上完的教材，我可能用一个多月就三下五除二地学完了，这依然得感谢中学母校的教学进度与英文氛围。作为一所拔尖外国语学校的学生，我从初一起就有机会享受英文小班教学，以普通中学两倍的速度学完全市统一教材，接着开始接触难度更高的课外阅读。

我上初二、初三时，老师组织大家订阅"企鹅英语分级阅读"，我经常在午休和睡前捧着薄薄的英文小说读到忘我，有时用一天时间便能读完诸如《爱丽丝漫游仙境》《野性的呼唤》等英文名著的简化版。即使文中不乏生词，我也能依靠上下文读懂80%~90%的内容，英文阅读理解能力就是在这个过程中实现了质的飞跃。

上高中后，我读得越发"生猛"，自主阅读《哈利·波特》《指环王》《傲慢与偏见》等英文原版小说（此时已不再是简化语言版）。我在高二和高三参加北大、复旦、外交学院等高校组织的模拟联合国大会时，在备战期间一天就能读完100页的英文文件，阅读水平得到了夯实，也为之后留学美国打好了基础。

可以说，我的英语在很大程度上是"读"出来的。即便在对很多单词一知半解的"英语小白"年代，我也从未顾虑过"读不懂"这种情况。其实，就算连蒙带猜地读、只看懂1%的内容，也能潜移默化地提高英文能力。

不管你当前的英语水平如何，我都建议你每天抽出至少15分钟做英语阅读，可以读豆腐块短文，可以读英语新闻，当然也可以读大部头原著。选什么难度的阅读材料呢？我的建议是"需要踮起脚尖、稍微费点力才够得着"的材料。什么意思？比如现在你的英语水平是1，那就选难度系数在1.2~1.5的材料来读，也就是比自身能力高20%~50%的材料。在阅读过程中掌握新的单词与表达方法，日复一日，积少成多，一段时间后定会收效明显哦！

另外，我在第一章"掌握速读，更快获取关键信息"部分（033页）介绍的诸多方法同样适用于英语阅读，比如快速转眼速读法、7:3原则速读法、三分钟闭眼过电影速读法（用英文完成回顾、复述）等。阅读没有捷径，也不需要捷径，但我们必须打起精神，持之以恒。

第 5 节　口语

　　几乎所有英语学习者都渴望说一口漂亮的口语，但真正实现的人屈指可数——其实这也无可厚非，毕竟对很多人来说，英语只是学生时代的一项应试任务，工作以后可能就和英语渐渐绝缘了。

　　当然，如果你因为工作、旅行或海外求学需要一定的口语能力，我下面的建议也许能略帮一二。

　　第一个建议是，说的内容大于语音、语调。很多同学极其重视发音，觉得口语说得好等于漂亮的口音。这也没错，假如你能很好地模仿美音或英音，讲起英语来像个母语者，自然令人刮目相看。但很多人因此陷入的误区是，将绝大多数时间和精力用于盲目模仿口音，却忽视了说出的内容质量：语法、措辞、表达方式漏洞百出，有时甚至让交流对象一头雾水，压根儿听不懂。

　　上面说到，单词和语法是基础，听力和阅读承上启下，口语是水到渠成。若想在说英语时用词贴切、表达地道，前面这些基本功步骤必不可少。我在国外有很多来自新加坡和印度的朋友，他们说英语时带着浓郁的地方口音，但仔细听来，措辞和句子结构都地道，娴熟极了。这样的口语即使并非传统意义上最"主流"的美音、英音，也是漂亮的口语。

　　一些国人总顾虑自己说英语"难听"、夹杂中国口音。但我必须说，那又怎么样？有中国口音怎么了？只要内容说得好、表达得地道流利，有中文腔的口语同样很优秀。

　　第二个建议是，尽量避免和水平相当，甚至不如自己的人一起练口语，尤其不要太热衷于"市民英语角"这样的活动。道理很简单：大家都是英语半生不熟的学习者，说英语时容易出错，出的还可能是同样的错。如果大家总凑在一起练，就很可能会固化已有的口语毛病，无法改进和提高。所以，要找在英语方面优秀的人，一起学习哦！

　　我当年练口语的做法很简单：厚着脸皮缠着外教"尬聊"。当时学校聘请了来自美国和加拿大的外教，每周都安排一节外教口语课。这短短 45 分钟的浸泡式学习还不够，我会继续在课间和放学后找外教老师聊天——天南海北什么都聊，只要能练习口语就行。外教老师也会不时指出我的口语差错，尤其是不地道的说法。一来二去和外教老师成了朋友，聊起天来更自然、妥帖，我的口语也越来越顺了。

第三个建议也是万变不离其宗，想说好英语，就得大量、反复地练习。因此平时多给自己淘些好的口语练习材料，不断模仿跟读，有时间的话就多背诵经典语段，长期坚持下来，才可能出口成章、金句频出。去美国留学前，我就有意识地加强口语练习，经常去书店买各种练习材料，比如《探索频道》、迪士尼频道和美国《国家地理》杂志的影像，还有《英文经典演讲 50 篇》之类带音频的书，边看边听边跟读，同时做好笔记，学会了许多纯正的表达，也渐渐修好了口音。

在这里也跟同学们推荐我原创的《哈佛学长的 200 节地道口语大课堂》，由我手把手带大家摆脱哑巴英语、中式英语，学会几千条地道的英语表达，助你说出一口漂亮流利的英语。有志提高口语的同学可以扫描下面的二维码报名学习呀！

LEO 在不同英语学习阶段使用的教材

小学三到六年级

人教版标准教材、《牛津英语》

初中

课内:《看、听、学》《新目标英语》《展望未来》

课外:"企鹅英语分级阅读",《新概念英语》(2、3)、《美国之音》,高考英语试卷,初三暑假开始接触大学英语四六级材料、托福单词和阅读教辅

高中

课内:《新标准英语》

课外:《新概念英语》(4),托福、SAT 备考教辅,英文原版小说名著

中学阶段还接触了大量英文原声电影、纪录片、演讲

战胜偏科，均衡发展提升实力

偏科，太正常了，太普遍了。

没人不偏科。就算自诩基本不偏科的那些"万金油"（比如我），也一定有相对的短板。"是个人就会偏科"，名人大咖也不能幸免：

近代教育家、清华大学前校长罗家伦在考北大时，语文优势比较明显，数学偏科严重。

写出《围城》《管锥编》的作家、学者钱锺书在考清华时，国文特优，英语满分，数学只拿了 15 分。

是不是挺让你惊讶的？

再说些离我们近一点的例子。比如，我在耶鲁和哈佛的同窗好友里就不乏"骨灰级偏科学霸"。

我在耶鲁的一位好兄弟，从小便显露出惊人的文学天赋，上大学前已经出版了四本小说，还给《纽约客》等顶级杂志撰稿。但所有理科统统不行，数学停留在 "$y=kx+b$" 的水准。

我的一个哈佛商学院 MBA 同班同学偏得恰恰相反：进入麻省理工学院读本科前，接连斩获生物和化学国际奥赛的金牌、银牌，但对英语、文学、历史等人文社会学科一窍不通，甚至"深恶痛绝"（他的原话）。

看到这里，正为偏科苦恼的你是否获得了不少安慰？甚至觉得，连大牛们都偏科，我着急个啥呢？

且慢。

偏科的成因测试

请你完成下面的问题测试，如果对其中任何一个题的回答是"No"，就算"未能通过测试"，这也意味着你该采取必要的行动解决偏科问题。

　　·你可以放飞自我，完全不在乎接下来的大考（比如高考、中考）成绩吗？

　　·在可能决定命运的大考中，你有任何方法规避偏科的影响吗？比如，文、理分科之后，彻底和弱项告别，剩下的全是强项？又如，可以选科考试，且你能做到只选最拿手的科目，把所有弱科都过滤掉？

　　·你是特长生吗？可以通过某项专长直接升读梦想院校吗？比如艺考生，就算文化考试分数不在线，依然能凭专业能力拿到目标学校的录取通知书？

　　·假设真的是因为偏科名落孙山（极端点的例子：只低了录取线一分），你可以做到完全不在乎吗？

　　我猜你没能潇洒地通过这个测试，对吧？因此，对大多数同学来说，踏踏实实地学好每一科，跨过升学这道坎，才是改善未来人生的稳妥的正道。而偏科最后伤害的是自己的前途，所以大家要争取"大偏化小，小偏化了"。

　　下面分享我总结的一套偏科拯救方案，我把它叫作"海角计划"（CAPE），希望能助你尽早摆脱偏科泥潭，成为考试中的大赢家！

"海角计划"拯救偏科

重建自信（Confidence restoration）

诊断 & 评估（Assessment）

制订偏科拯救计划（Planning）

执行与结果评定
（Execution & Evaluation）

"海角计划"四个步骤的英文首字母，构成了"CAPE"（英文的"海角"）一词。

步骤一：重建自信（Confidence restoration）

在拯救行动开始前，首先通过做积极的心理暗示，让自信满格：即使学得最差的学科依然有救，也最有进步空间和提升机会。哪怕只是扫除两三个知识弱项，都可能在大考中进步五分、十分，把排名提前几位，距离升学目标更进一步。

步骤二：诊断 & 评估（Assessment）

为自己打好气之后，仔细思考并明确：为什么偏科？"偏科病因"主要有以下几种。

天赋 / 兴趣使然：相对不擅长某一科或天生对某个领域提不起兴趣。

老师因素：很多同学都"认老师"。一些同学单单是因为讨厌某个老师，就顺带着厌倦他教的课，导致偏科发生。（如我表姐读中学时坐在第一排，因为物理老师讲话爱喷唾沫，从而对这个老师和物理课都产生了厌烦情绪，导致物理成绩下滑。）

家长影响：家长的态度和言论时常会直接影响到孩子。因为家长无意间的感叹，比如"女儿太随我了，当年我也是不爱学英语，因为没语言天赋"，而确认自己天生就学不好某学科，导致偏科恶化的现象广泛存在。

明确原因后，接着细化评估。

· 一共有几个弱项科目需要补习？是哪一（几）科？

· 之后是否有机会摆脱该科影响？如果"是"，暂且允许自己"放松"；如果"否"，就要采取行动。

· 弱项学科的"薄弱程度"如何？建议评判时参考以下几个等级：

差，考试基本不及格、严重拖后腿；

较差，勉强及格 / 每次大考都拖不少后腿；

中，是学得最弱的科目，但不至于挂科，只是和强项有明显差距；

轻 / 较轻，很难考出满意的成绩，和强项存在差距。

步骤三：制订偏科拯救计划（Planning）

诊断之后，当然要制订好治病方案。基于步骤二的评估结果，为确实需要拯救的科目制订好拯救计划。

· 消除偏科源头因素

因"天赋不在线 / 天生很厌倦"而偏科的，我没有捷径分享，只能建议你每天提醒自己：这门课学不好、考不好的话，后果会很严重。比如以一分之差与梦想院校失之交臂，比如"学不好就考不上 ×× 大学，就没法和好朋友一起度过大学时光"……总之，"虐"一点，为了将来的美丽人生，逼自己咬牙顶住不放弃。

因"不喜欢老师"而偏科的不难办，反复地提醒自己：不喜欢一个老师已经够闹心了，要是因为他再把一门课搭进去，就太傻了，不值啊！可不能随便因为不喜欢某个老师，就把自己的学业和前途赔了进去。

因"家长影响"而偏科的，请立即阻止家长灌输任何潜移默化的思想，并坚信"我命由我不由爸妈，爸妈学不好的，我努把力一定能学得比他们好"！

结合弱科的"薄弱程度"诊断当前的学业"病况"，思考下列问题。问题的答案便构成了偏科拯救的详细计划。

· 在未来 × 天内，希望取得多大进步、在考试里提高多少分？

· 丢分的题都有哪些？属于哪些类型？涉及哪些知识点？

· 要在 × 天内取得 ×× 进步，接下来平均每周得花多长时间拯救弱科？

· 所有可能的、有效的补习方式包括哪些？比如重新做错题、额外加码练习等？

· 所有可能的、有效的补习材料包括哪些？

· 凭一己之力能完成目标吗？如果不行，要如何请教老师？

步骤四：执行与结果评定（Execution & Evaluation）

制订计划当然是为了执行。对所有容易懈怠和放弃的同学我只说一句话：不执行自己制订好的计划，就是对自己的不尊重，就是欺骗自己，有害无利。

对这次偏科拯救行动的阶段性结果和最终成效要实时评估。我建议大家结合自身情况，思考下面的问题。

· 拯救过程中，多久评估一次阶段性结果？一周？半个月？一个月？

· 除了自己评估，是否请老师帮忙评估？

· 如何评估？我建议用数据说话。比如：

在补习 × 天后的考试中，该科分数是否有提高？提高了几分？较前次考试提高 × %？

或者，同一个知识点的大题得分率是否提高？提高了多少？

又或者，在拯救 × 天后的考试中，该科和最强科的得分差距是否有缩小？缩小了 × 分？

……

执行"海角计划"时的注意点：

· 不顾此失彼，补习弱科时别耽误了其他科的正常学习。我知道并不容易，只能在身体允许的情况下延长学习时间，稍微苦一点，之后会甜。

· 补习弱科这件事会很无趣，可能会产生畏难和厌学情绪——别沮丧，这太正常了。坚持积极的心理暗示（"我能行，我能行，我能行"），一个人撑不下去的时候多跟老师交流，或者和同学组成学习小组，让同伴力量激励自己前行。

· 在这个艰苦的过程中，别忘了"美好愿景激励法"，想想迈过这道坎儿以后的生活会有多美。

愿你圆满地完成"海角计划"
祝你早日战胜偏科，驶上海角
吹着清爽的风，眺望最美的远方
面朝大海，春暖花开

本课核心方法回顾

"海角计划"拯救偏科

步骤一：＿＿＿＿＿＿＿＿＿＿＿＿＿＿＿＿＿＿＿＿＿＿＿＿＿

步骤二：＿＿＿＿＿＿＿＿＿＿＿＿＿＿＿＿＿＿＿＿＿＿＿＿＿

步骤三：＿＿＿＿＿＿＿＿＿＿＿＿＿＿＿＿＿＿＿＿＿＿＿＿＿

步骤四：＿＿＿＿＿＿＿＿＿＿＿＿＿＿＿＿＿＿＿＿＿＿＿＿＿

袒露心扉：小时候会有最喜欢和最不喜欢的科目吗？会偏科吗？

坦率讲，我是一名"万金油型"的选手，从小到大几乎没偏过科，每科成绩比较平均，不存在弱项。在我读书的那个年代，如果每一科都能学得不错（即使不是班里 No.1），总分加在一起就特别占优，常常一不小心排到年级最前面——打住！都 21 世纪 20 年代了，咱们不再过多讨论、刻意追求"排名"这个东西了。学弟学妹们一定要德、智、体、美、劳全方位发展，提高综合素质。

我小时候虽然不偏科，但还是会"偏心"，有相对更喜欢的学科。比如数学课、自然科学课，总能让我有心旷神怡之感——没办法，从小就喜欢和数字打交道，酷爱同大自然有关的一切。语文课也喜欢，从低年级时每天学习生字，到高年级时的长篇阅读作业，对我而言都是一种享受。而英语课从三年级才开始上，起初并不那么喜欢，猜猜原因是什么？

因为觉得学校的英语课不如在家和英语打交道好玩！我在后面的文章中会提到家里的英语氛围，除了几乎天天能听到妈妈备课时播放的英文磁带，还常有"英文电影下午茶"。我觉得在这样轻松的氛围里感受到的英语更可爱、更真实，胜过小学英语课本的一本正经。所幸从三年级下学期之后的英语老师都是人很好、课教得又棒的好老师，我也就渐渐喜欢上了校内英语课。

不如去闯：耶鲁四年，永远的情谊

从耶鲁大学毕业已经数年，但和这片校园有关的回忆却恍若昨日，至今历历在目。能在耶鲁度过 18～22 岁的青春，成为一名耶鲁的校友，是我此生的幸运。

写第一本书《不如去闯》时，我用了一整章讲述自己在耶鲁求学的故事；写第二本书《学习高手》时，我首次对耶鲁四年的经历做了一个全景回顾式的分享，希望对广大读者，特别是计划出国留学的同学有借鉴意义。

今天我想借这本新书，把耶鲁对自己最重要的部分分享给你😊。

学业 · Academics

我喜欢用"痛并快乐着"来概括在耶鲁的学习体验。作为一所全球顶尖学府、美国老牌常青藤盟校，耶鲁是"严进严出"的典范。本科生不论主修哪个专业，都要经历高强度的四年学习后方可顺利毕业。

耶鲁课业量之大，尤其体现在日常阅读任务和论文两方面。在耶鲁四年，我总共写了超过 150 篇论文，平均每学年近 40 篇、每学期 20 篇、每个月 4 ~ 5 篇、一周 1 篇。这些论文可不是东拼西凑就能应付了事的，而是要经过严谨的查资料做研究、列提纲打草稿、多次修改定稿的全过程。即使是写 4 ~ 6 页的短论文，也可能需要阅读几百页的资料，才能提炼出足够有力的论点和素材。

做海量阅读作业不只是为了写论文，也是为了日常课堂讨论。耶鲁本科课程有一半以上是 seminar（小班讨论课），即不超过 20 个学生的小课。在这样的课堂上，发言和辩论是家常便饭。为了跟上进度，做有质量的发言，就必须踏实完成好课前阅读。正是在耶鲁的那几年，我逐渐练就了速读和精读的本事。

同学们如果在小学时就注意学习能力的培养，就能为之后很多年，尤其是大学阶段的学习打下坚实的基础哦！

校园活动 · Campus activities

我在耶鲁四年的回忆里有相当一部分和校园活动有关。我在大一入学后加入了耶鲁国际关系协会、耶鲁越野跑协会和耶鲁学生旅行组织 Reach Out。实际上，我在这些学生社团里一直活跃到了大四毕业前，从未退团，也从未"移情别恋"到其他社团，可以说是非常专注的参与者了。

为什么会如此稳定且专注呢？因为从一开始选择要参加的活动时，我就很理性地依照了自己的考量原则，第四章"选择课外活动前，先问自己四个问题"部分（170 页）中做了

详述，尤其是下面这几点：

- 必须是自己真心喜欢、感兴趣的活动；
- 能够锻炼自己的领导能力；
- 能够强身健体。

同时我很清醒地知道，耶鲁的校园活动缤纷异常，如果自己贪得无厌，什么都想"试试"，必将占用过多时间，影响课业。给校园活动合理分配时间，既能保证主业不受影响，又能在活动中放松身心，可谓一举两得。

交友·Camaraderie

罗曼·罗兰曾说："有了朋友，生活才显出它全部的价值；一个人活着是为了朋友；保持自己生命的完整，不受时间侵蚀，也是为了朋友。"

我们应该为自己而活，当然朋友确实是生命中不可或缺的存在。

回想在耶鲁的"Bright College Years"（光明美好的大学时代，这也是耶鲁校歌的歌名），最令我珍重和留恋的，也是一起共度同窗岁月的每一位朋友。

我感恩耶鲁的"住宿学院系统"。大一入学前，每位本科生都会被随机分配进耶鲁14所住宿学院中的其中一所。每所住宿学院都有自己的设施（宿舍楼、食堂、图书馆、健身房等）和文化，既像一座微缩的耶鲁，又共同构成了耶鲁的本科生院，正如《哈利·波特》小说里霍格沃茨魔法学校和格兰芬多等四个下属学院的关系。

因为这个精妙的系统，我不但在自己的住宿学院里结交了朝夕相处四年的生活好友，还通过上课和校园活动认识了耶鲁全校范围内的同学。这些志同道合的伙伴来自不同地区，有着各异的家庭背景和成长经历，但每个都是善良正直、聪慧上进、对世界充满关怀和热爱的年轻人。我至今记得和好友们一起在图书馆写论文、读书到天明，一起在漫天飞雪的校园里奔跑，一起爬到山顶看大西洋的日出，一起听音乐会，一起磨炼厨艺，一起准备面试，一起庆祝彼此的成就，一起在毕业前夜喝到大醉，在耶鲁三百多年的校园里唱着歌、流着泪，不舍告别……

因为这些可爱的人，我的耶鲁故事才那么温馨、那么厚重、那么无与伦比。

以耶鲁校歌 *Bright College Years* 的歌词选段以表我对大学母校的眷恋，也祝你拥有一段美好得无以言表的"象牙塔"岁月。

Bright College years，with pleasure rife,
The shortest，gladdest years of life,
How swiftly are ye gliding by?
Oh，why doth time so quickly fly?
The seasons come，the seasons go,
The earth is green or white with snow,
But time and change shall naught avail
To break the friendships formed at Yale.

阳光华年，欢乐满溢，
短暂之至，其乐之极，
时光荏苒，其逝何悄?
白驹过隙，其逝何忽?
春来春去，花开花落，
大地皆绿，转而皆白。
星斗虽移，世事或迁，
耶鲁情谊，坚固永远。

（中文翻译源自 https://www.meipian.cn/msrd9ea，译者：黄庐陵）

LEO 的独家揭秘：哈佛学生的 24 小时，到底是如何度过的？

刚入读哈佛大学商学院时，我曾写了一篇六千字的调查文——《凌晨四点半的哈佛图书馆，真的灯火通明？》。文章之后被《人民日报》等近万家媒体平台转发，阅读量过亿，引发了国人的广泛讨论。

多年来，在国内一直流传着这样的说法：哈佛学生极其拼命，无时无刻不在学习，常通宵啃书，而哈佛的图书馆到了凌晨四点半也仍然"灯火通明，座无虚席"。

这个说法被某些不负责的毒鸡汤作者炮制成生动的文章，甚至以"哈佛凌晨四点半"命名的畅销书，迷惑了万千国人。

为了揭露不实传言，我通过走访哈佛数家图书馆、采访哈佛不同院系在校生等方式，还原了真相——哈佛学生，几乎不会为了学习而通宵爆肝；绝大多数哈佛图书馆，更是在午夜前就闭馆歇业。

我的真相文发出后，渐渐又出现了另一种偏颇的观点：

"哈佛的学生其实没那么认真学习的，要不然，他们怎么都不刷夜做题呢？"

"不要迷信哈佛学生，只要能考进去，就可以高枕无忧地享受生活了。"

当然，我也收到了更多好奇的提问：

"如果不学到凌晨四点半，那哈佛学生平常都是如何学习的？"

"作为哈佛学生，你每天都是怎么过的？能讲讲自己的作息安排吗？"

作为一个在哈佛大学生活了两年多的学生，我无保留地分享了自己的"一日作息"。应该说，我不算"异类"，我的日程也因此能反映出不少哈佛同学的生活节奏。

下面要还原的"哈佛一天"，基本无偏差地代表了我 80% 的周一到周五的作息。

早晨—上午

起床：在学校时总能形成较稳定的生物钟。有时即使不开闹铃，也能在 6:30 前后 10 分钟醒来。

warm-up 俯卧撑：我的惯常"醒盹"做法。伸个懒腰活动一下筋骨，然后快速做 30 个俯卧撑，不多不少。喘口气，清醒效果特好。推荐大家（尤其男生）试试。

当日 To-do list 确认：用不超过 5 分钟的时间列好当日所有要完成的任务，涵盖学习、工作、社交等不同板块的事项，在一日之始做到心中有数，随后才能有条不紊地高效做事。

健身：起床工序完成后，喝一杯常温水，简单地洗漱，吃一点黑巧克力，然后出门去健身房。

天气好时，我也会将健身房里的有氧项目变成到查尔斯河畔慢跑。晨光熹微，边欣赏自然美景边独自跑步，实在是心旷神怡。

晨间激励：运动完毕。随后用一分钟完成每天的保留曲目"晨间激励"——面向窗户站定，望着外面的天空，重复默念下面几句话为自己打气。

我会度过非常卓有成效的一天。

我总能通过努力克服任何困难。

我很好，一切都会很好。

如果你经常感到早晨起床后缺乏动力，甚至觉得没有希望，不妨试一下这样的"晨间激励"。不要小看一分钟和几句话的力量，因为自我激励真的可能助你"燃"起来。

早餐：到学校食堂吃早餐，一般不超过 20 分钟。哈佛食堂的早餐选择很多，不过我基本吃"老三样"：一碗浇了低脂牛奶的热燕麦粥、两个鸡蛋配两片全麦吐司（有时也吃稍微"不健康"一点的巧克力牛角包）、一小碟综合新鲜水果。

课前预热讨论：和学习小组的四位同学进行"课前预热讨论"。

在哈佛，许多学生都会和同届的几位同学组成"学习小组"，定期见面（我的小组会面频率是工作日天天见），一同讨论当天要学习的新课材料（比如商学院的课程案例），帮助彼此在课前初步扫除知识疑点、盲点，从而更有准备地进入课堂，有的放矢地听讲，提高学习质量。

进入上午上课时间。

哈佛的本科和商学院工商管理硕士课程设置略有不同。以商学院为例，常规课一节80分钟不间断，升入二年级后还有一节超过两小时的"超级大课"。虽然早已是互联网时代，但哈佛商学院课堂仍严禁一切电子设备，包括笔记本电脑、iPad、手机等，旨在让学生全神贯注地参与课堂。

每节课的强度都很大——想开小差？几乎不可能，因为每位学生都要跟紧教授的进度，随时准备在全班同学面前做独立发言，阐述个人观点。想不发言？也不行。因为"课堂参与"是期末成绩的重要组成部分。随便翘课更是"危险行为"，因为出勤率同样是成绩考评的关键因素。

也因为哈佛的上课强度，整个上午我都几乎处于紧绷状态，只会在课间10分钟去一次洗手间，和同学们闲聊几句。

中午—下午

午饭：中午下课后，我通常会径直走到距离教学楼仅几分钟的食堂吃饭，这样便可以将午饭时间控制在30分钟内，并且还能吃得又饱又从容。

哈佛食堂的午餐选择不少，还经常变花样。除了上百种固定餐食，也许今天还会特供地中海风格餐食，明天有东南亚主题饭菜，后天出现波士顿大龙虾、中国饺子等小惊喜。所以在哈佛，满足味蕾和胃并非难事。

碎片时段：我把午饭后的20分钟称作"碎片时段"。所谓"碎片时段"，意思是在此期间没有固定要做的某件事，视具体情况，灵活安排做不同的事。在每天的第一个碎片时段，我最常做的事是下面可选项里的其中一件。

· 和同学喝咖啡，社交聊天。

· 快速预热下午上课的新内容，为课堂讨论做准备。

· 快速查看、回复微信等社交 App 的信息，查发 E-mail。

· 放松：坐在商学院图书馆的软沙发椅上眯一小会儿；读几页正在看的课外书；玩手机、看看短视频。

下午上课：下午的课通常从一点多开始。上面已经简要地介绍了哈佛的上课模式，这里不赘述。不管上午、下午，高度集中精力的上课状态是永远必需的。

课后时间：下午下课后的 20 多分钟，我通常会做两件事中的其中之一：做得更多的是"课后整理"，将当天上午、下午课堂上的全部所学知识快速地回顾一遍，一边看教材，一边对照热腾腾的课堂笔记，向自己发问，确保已经掌握了重点、难点。如果遇到疑难问题，我会通过 E-mail 或者当面向同班同学或教授请教。

其二是去教授的"Office hour"（简称"OH"，办公室开放时间）。在哈佛，每位教授都有固定的 OH，学生们可以提前通过 E-mail 预约，然后在确定好的时段到教授办公室"做客"。

我每周都会预约几位不同教授的 OH，不但有在商学院上课的教授，也有哈佛其他院系的教授、学者。在 OH 的 15～20 分钟里，我会和教授请教他们的学术研究，探讨自己的学业甚至未来规划，或者就国事、家事以及天下事愉快地闲聊几句。

通过 OH 拜访，我增进了与教授对彼此的了解，有机会让不同的教授指点迷津，还结识了在上课时见不到的更多的"大牛学者"，实在是受益匪浅。

傍晚—晚间

进入今日的第一个"高强度学习＆写作业时间"：在两小时里，我通常会独自坐在哈佛主图书馆的某个僻静角落，逼迫自己心无旁骛地专心于当天的作业。

晚餐时间：我通常会和不同的同学约饭，不只是哈佛的朋友，有时也会将"晚餐社交圈"拓展到波士顿其他大学（比如麻省理工、伯克利音乐学院等）。很多忙碌的哈佛学生都将晚饭视为一个重要的社交机会，通过"dinner table"来拓展社交圈，结识志同道合的朋友。

碎片时段：晚餐后的 20 分钟是一天中第二个可选项很多的"碎片时段"。可以跟国内晨起的家人打电话，也可以听音乐眯一会儿，促进饭后消食。

进入今天的第二个"高强度学习＆写作业时间"：经过了晚餐和碎片时段的短暂放松、换脑后，重启下午尚未完成的课业。高度专注，绝不接受手机和其他人的干扰，只求越快越好地完成当天的所有作业。

深夜回顾

然后，我会完成对这一整天的回顾，最后一次拿出 To-do list，总结当日事项的完成情况。如果顺利完成了，很棒；如果仍在进行中或还未开始，马上明确原因，并计入下一日的 To-do list。没有特殊原因，就不可轻易向自己妥协。

接下来是一天中的"彻底放松时段"：在三四十分钟里，我会将学业、工作等"正经事"全部抛在一边，只读喜欢的课外书、看喜欢的电影、写写文章码码字、计划计划近期的旅行、和家人睡前联系一次，有时也会跟隔壁的同学打打手游（从不上瘾）或者网购片刻。

越是忙碌，越是需要充分减压，对自己好点儿。

最后：洗漱冲凉，准备上床。

静思冥想片刻，然后和世界说晚安。忙完一整天后沾上枕头就秒睡的体验，你也能够拥有。

补充说明

1. 根据每日任务和所需时长的不同，每个时间段都会有一定的浮动，但上下误差通常不超过 20 分钟。

2. 期末复习周时学校结课，我的日程也相应调整为：所有课堂时间自动变成温书时间；每日工作时间继续，但会为期末备考暂停社交活动。

3. 以上是我在"工作日"的日程安排，周末时一定会补觉休息、降低强度，即使有时因为生物钟在清晨醒来，也会尝试睡个回笼觉。不过我从没有过完全放空、什么都不干的时候。忙惯了的人，很难真正地闲下来。

以上就是我的"哈佛一天"，可以总结为"三很"：很忙，很充实，很有收获。最后，我再总结几点自己的观察和感受。

哈佛学生不会在图书馆熬到凌晨四点半，但更不可能虚度时光、优哉游哉。这是一片充满正面竞争与能量感的校园，"忙"，是 99% 哈佛学生的状态。

也许有人会说：

"你一直兼顾学业、工作等各方面，所以每天都很忙，别的学生可不一定那么忙吧？"

但事实是，其他同学也在同时处理多项任务，为了各自的目标不停地忙碌着。比如，大多数哈佛学生需要花大量的时间和精力应聘，或者筹备继续升学；一些学生参加了多个学校社团，每天都有活动要忙；在哈佛商学院，还有多达 25% 的学生正在创业，处于"全职学生，兼职干活"的奋斗状态。正如国内不少年轻人也非常拼，都在"忙、痛，却快乐着"。

另外，哈佛学生从不认为"刷夜最光荣"。大家追求的不是时长，而是单位时间效率。除了 To-do list，很多同学还会列每周、每季度、全年规划清单，借助不同时间与任务管理方法提高效率。

04

深度全面成长，
培养综合素质

锻造全方位的能力，现在就开始吧

放眼世界，人才的竞争越来越强调综合实力。作为学生，在完成日常学习任务的同时，也要有意识地培养综合实力。套用我在哈佛大学和耶鲁大学招生材料里见过的形容学生素质的词，这样的实力包括：

领袖才能（Leadership talent and capabilities）

沟通能力（Communication skills）

创新能力（Innovation skills）

团队协作能力（Teamwork skills）

意志力、热情、动力与专注力（Perseverance，passion，motivation and dedication）

......

基于亲身经历和对周围人的观察，我必须说：锻造综合实力，越早开始越好。

如何锻造？最直接，也最靠谱的一条途径，就是在学业之余抽出时间做好规划，有选择性地参加课外活动。

我很庆幸的是，从上小学一年级起，我就没当过哪怕一天传统意义上的"好学生"——这要感谢父母、老师给我的极大信任和支持。我一直觉得，如果把所有时间和精力都用在课内学习上，那生活简直要枯燥透了。所以，我曾经很"潇洒"地放弃一切补习班，用课余时间参加了很多至今仍回味无穷、令自己长进颇丰的课外活动。

借写这本书的机会，我想同各位分享"课外活动与综合实力锻造"的经验心得，帮助尽量多的同学和"书呆子"绝缘。

首先谈一谈，"课外活动"到底包括哪些?

必须明确的是，在学生时代能参加的课外活动，绝不仅限于学校或家长代为安排的"第二课堂""兴趣小组""校外特长班"。课外活动的范畴，可以是星辰大海。

基于我本人在中学和大学时代的经历，将同学们能参加的课外活动分成以下几类。

文体特长类

这类活动大家也很熟悉，很多人都有被家长逼着学某样乐器的经历，或者是绘画、舞蹈、体育竞技等特长。虽然绝大多数人没法像郎朗那样成为钢琴家，但文体类课外活动带给我们的益处确实不少：陶冶情操、强身健体、培养气质、增强人格魅力……因此我的建议是，如果各方面条件允许，一定要争取参与至少一项文体类活动，并且将其发展成一生的爱好。

另外，在参加文体类活动时不要太"目标导向"，而是以增进生活乐趣为主要出发点。在国内聊起小时候学的乐器，很多人都会问这个问题：你当时考级了吗？你考了几级啊？在讨论完各自的考级经历后，一定会有人接着说：唉，好久不弹，现在都快不会了……

这就是过度"目标导向"而产生的遗憾——只追求短时间提升技能，却没有充分享受学艺过程中的乐趣。一旦停练了就不留恋了，技艺也就退化了。

在耶鲁读书时，我也曾和朋友们聊起各自学过的乐器，但没有一个人聊到"考级"。大家分享的，都是诸如"圣诞节时弹奏了一首曲子，感动了爸妈""暑假时在街边卖艺，攒的钱帮助了穷人"等更有温度和情感的故事。还有一些同学，虽然技术一般，却挖掘和培养了一项终身爱好，还把心爱的乐器、画笔带到大学，在忙碌之余拿出来弹一弹、画一画，让生活有了情趣和色彩。不少人还"以琴 /画会友"，邂逅了挚友呢！

校园类活动

校园类活动主要包括各类校内学生组织和社团，比如学生会、各种兴趣小组（电影社、机器人协会、合唱队等）。

大家对这类活动应该说是熟悉得不能再熟悉了，我也不多赘述，只想说一点：如果说学校是小社会，那么学生社团就是小社会中的小社会，别有乾坤。参加校园类活动的最大价值，与其说是提升技能素质、丰富课外生活，不如说是锻炼交际能力、塑造情商，也就是英文里的"people skills"。学会和不同人打交道，是大家应当尽早开始的必修课。

志愿者、公益类、社区服务类活动

"学雷锋、树新风"，大家一定都参加过公益活动，慰问老人、做森林保育、参加募捐……写到这里，我不禁回想起自己上小学时曾经积极写稿、投稿，再把稿费换成文具，寄给宁夏的"手拉手"小伙伴；为了攒更多钱捐给贫困山区，还一度成为班里的"养蚕大户"，一到周末就在少年宫门口摆摊卖蚕，乐此不疲。

这些都是至今让我嘴角上扬的回忆。人是有感情、有爱的高级生物，也是因为爱，这个世界才变得更温暖。我建议大家不论多忙，都要抽时间参加一些公益性质的课外活动，不为别的，就为了让自己更"有爱"。

英文里有句话是这么说的：Let's make the world a better place（让我们一起把世界变得更美好）。我想说，当我们以一己之力帮助他人和这个世界时，我们的心情和生活也都会变得更美好呢！

创造性的活动

这类活动和"文体类活动"有一定重叠。最典型的例子是写书、出专辑、开画展，在美国等西方国家较为普遍，而国内学生因为课业相对繁重，边学习边做创造性活动的人较少。但我一定要借这篇文章，鼓励大家抛下顾虑，大胆尝试"创造"。

创造，完全无须多么高深的造诣，只要一些激情、一点灵感。其实，每天写写日记和随笔，也算是一种创造性的活动。在耶鲁读本科时，我曾经坚持用中、英双语写了将近三年的日记，其间几乎没有"断更"过。有笔感时写千八百字，忙论文和考试时，也抽出十分钟，用几句话记下当天的观察和感悟。毕业时翻出收纳日记本的小箱子，读读过去的体验和收获，瞬间觉得年轻的人生从未虚度。

交流、游学类活动

"世界那么大，我要去看看"——交流、游学类活动大概是最吸引人的一类活动了。参加夏令营／冬令营、出国游学和短期交换项目是很多同学的小梦想。

在我读小学的 20 世纪 90 年代末，去大城市参加一次夏令营都能让人激动不已，而如今，同学们几乎能去到地球的任何角落，不仅是哈佛、剑桥等顶尖学府，还有南极、北极等遥远之地。

我的建议是，如果条件允许，一定要在学生时代争取参加至少一次正式的游学或交流活动（个人旅游不算）。与其彷徨，不如去闯——突破狭窄的舒适区，到远方的世界感受别样的风景、学习异地文化，是加速年轻人成长的捷径呢！

选择课外活动前，先问自己四个问题

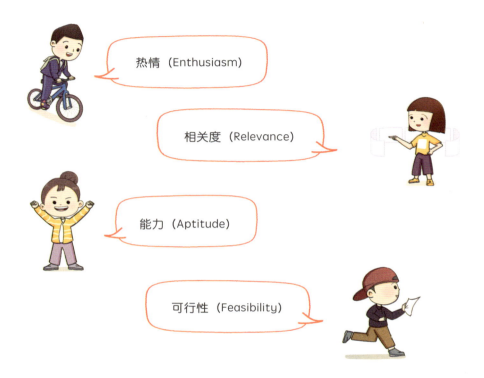

热情（Enthusiasm）

相关度（Relevance）

能力（Aptitude）

可行性（Feasibility）

上一节，我们讨论到通过参加课外活动，同学们可以极大地丰富生活、拓宽视野，培养在校内环境中无法锻造的能力，还能趁早开始搭建人脉网，为今后的事业发展打好基础。

同时，我也简述了课外活动的各个类型。读过之后，你是否觉得选择困难？面对令人眼花缭乱的机会，到底该如何选择最适合自己的课外活动呢？

下面，我将逐一分享自己在中学和大学时选择课外活动的遴选标准与原则，并且将它们梳理成了四个问题。

热情（Enthusiasm）

问题一："你对这项活动真的感兴趣吗？"

一般来说，参加课外活动应当是令人愉快的经历。虽然有时候也得吃苦（比如练乐器和体育项目时的艰辛付出），但参与任何课外活动的原点，必须是"兴趣驱动力"。

如果你对某件事完全提不起兴趣，甚至反感——无论是天生不喜欢，还是努力说服自己以后依然无感，我都建议你果断放弃。强扭的瓜不甜，在选择课外活动时，一定不要违背本心的意愿，否则只能给自己添堵。

相关度（Relevance）

问题二："这项活动和我当下的某一（几）个目标相关吗？有可能帮我去到想去的地方，过上向往的生活吗？"

这条遴选标准是所有几条里最"功利"的。当然，"功利"在这里是一个中性偏褒义的词。

在上一节我谈到，课外活动对大多数人而言只能算生活的点缀，优先级排在校内课业之后。因此，我们就该把有限的可支配时间用在刀刃上，尽量选择和人生愿景有一定关联度的活动，从而最大化在活动中的收获，为小目标、大理想铺路。

说到这一点，就不得不提起一个让我印象深刻的中学校友。她是个与众不同的女生，当别的女同学都在疯狂追星时，她却唯爱国际关系、大国政治，上高一时就把升学志向定在了外交学院。那时候大家也没太留意，只是觉得这个喜欢读《参考消息》、看英语新闻的同学有个性、"很好玩"。

高一下学期时，女生考进了我们中学的模拟联合国协会。碰巧那时我是这个社团的创始主席，也得以感受到她对国际关系的酷爱——只要是模拟联合国协会的活动，她必定场场不落地参加，常有出彩的表现。为了保证时间和精力，她在高中三年里只参加了模拟联合国协会这一项课外活动。为了争取代表学校参加名牌大学主办的模拟联合国比赛，她苦练英文，每天都用难度很高的英文时讯做听写和诵读练习。

后来，这个同学先是顺利入选我们中学的代表队，参加了外交学院（她的梦想学校）主办的全国模拟联合国大会，又在高三时如愿以偿，成了我们那届被保送外交学院的唯一女生。最近得知，她前两年又获得了普林斯顿大学国际事务专业的硕士学位，目前在联合国工作，真的成了外交官。

把这段很励志的故事分享给大家，就是要论证"relevance"这条原则——选课外活动时一定不要盲目。除了"感兴趣"，也要想一想，是否和自己的志向有关？是否能通过某项课外活动，帮自己离梦想近一点？

能力（Aptitude）

问题三："我能胜任这项活动吗？我能在这项活动里不断进步、越做越好吗？"

别在课外活动中刁难自己。如果在某方面天生没有慧根，使再大蛮力也只能原地踏步，那么又何必一再坚持呢？

有人说，我对某件事爱得深沉，即使做不好，也甘愿沉醉其中。

这样的精神固然可贵，但从另一个角度想，你完全可以把时间用在能做得更好的事情上，充分发挥自身优势创造更多价值。再者，上面说到的"热情"是很重要，但再澎湃的热情也有冷却之时。如果做某件事一再碰壁，日积月累的挫败感也必将消磨热情。

话说回来，如果你对某项活动起初陌生，但尝试之后进步显著，则证明有机会做得更好，这时就该继续下去，挖掘更多的潜能。另外，如果某件事和你现阶段目标的相关度高到必做不可的程度了，那么即使焦头烂额，也必须迎难而上了。

可行性（Feasibility）

问题四："这项活动真的可行吗？是否有可能受到任何现实因素的羁绊？"

除了兴趣、能力和关联度，"可行性"也是必须纳入考量的重要因素。对课外活动进行选择时，一定要考虑到实际情况的束缚。比如：

· 是否会占用过多精力，令人疲惫不堪，影响正常生活？

· 是否和上学时间冲突，耽误学业？

· 是否花销较大，给家庭造成财务负担？

· 在自己的所在地是否已经开展？如果没有，到异地参加的可行性高吗？

在这里分享我关于"可行性"的观察和想法：

可行性不高的事，真没必要逼着自己做。

我在耶鲁有几个出生在美国中部平原和西部农场的好友。他们上大学前几乎没去过纽约、洛杉矶这些大都市，也没机会参加光鲜、"贵族"的课外活动。从童年到青春期，他们都在一望无际的大农场和玉米地里度过，是不折不扣的"农村娃"。这些同学虽然没有大城市孩子的见识，却有太多人无法想象的生活体验——当牛仔、种玉米、养小马、赶市集，练就了健壮的体魄、阳光的性格和冒险的精神。这些可都是金子也换不来的美好品格啊！

所以也想跟家长读者们说：不要盲目让孩子追求别人拥有的，先让孩子享受自己拥有的吧！

让你能量升级、享受复利的课外活动

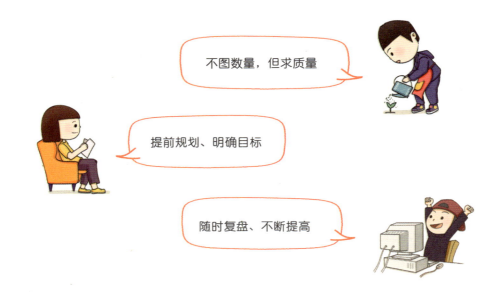

不图数量，但求质量

提前规划、明确目标

随时复盘、不断提高

  参与一项课外活动，并非简单的"在某个时间到某个地方做某件事"（如周六下午上钢琴课，周日上午练跆拳道），而是在活动前做好规划、活动中用心参与、活动后深度复盘的一整套流程。只有用心，才能在活动中把个人的进步成长最大化。

  下面要分享的是我在学生时代参与课外活动的方法——它们并不新奇，但着实帮助我在活动中收获满满、活动后能力升级。

不图数量，但求质量

  参与课外活动的一大禁忌，就是为了追求数量而"疯狂打卡"。

  参加课外活动的首要目的，永远是精进自我，绝非凑数字自欺欺人。即使你兴趣、爱好广泛，什么都想涉猎，也要记住：学业第一，切忌喧宾夺主。

我的建议是：不论你处在哪个求学阶段，同时参与的课外活动不要超过三项。因为我坚信，人若贪得无厌，什么都想要，到头来反而会一无所有。

提前规划，确定目标

这是非常重要却常被忽略的一点。不管是校内学习还是课外活动，只有把规划和目标定好，才能做到心中有数，对进度了如指掌。

在参与一项课外活动时，我通常会做好下面几种规划。

第一种规划，也是最基本的：参加活动的频次、强度与时间安排。决定参与某项课外活动前，一定要周密考虑好以下几点：

·这项活动预计会占用多少时间？每周几次、每次几小时？每月、每年呢？

·这项活动的难度和强度预计有多大？是完全陌生的领域，还是轻易可上手？如果难度大、适应时间长，是否需要在活动时间外加班加点？是否会产生"负面溢出效应"，比如体育运动导致疲惫和伤病，进而影响正常生活？

·当前的日程安排是否已经较满？如果还有空余的碎片时间，最多可以分配多少时间给这项活动？

·综合以上三点进行思考后，确认好下面三件事：

是否参加？

如果参加，平均每周或每月的参与次数和总时长分别为多少？

如果参加，如何保证不影响日常生活（如校内功课）？

第二种规划，我把它称作"个人期待清单"，即明确通过参加某项活动，我到底希望收获什么？

和广大学弟学妹交流时我发现，虽然大家都希望通过课外活动让自己"变得更好"，但很少有人仔细想过——"我究竟想有什么样的长进？"

思考这个问题时，我习惯列一份"个人期待清单"，把希望得到的收获分为"实际的、可量化的"和"无形的"两大类。

"实际的、可量化的"包括一切具体的成绩和进步，比如"考到跆拳道黑带""通过钢琴八级""日语能力考试 N3 合格"等具象目标。

"无形的"包括所有不可用具体数字与目标界定的收获，但重要性甚至更高、让自身受益更多，比如"显著提高美学修养""让逻辑思维能力变强""将性格打造得更有韧性、更沉得住气"。

第三种规划，我称其为"里程碑设置"，作为"个人期待清单"的补充，制订的是更微观、细化的阶段性进展。比如，参与某项活动一个月、一个季度、半年或一年后，分别要到达哪些"里程碑"，实现什么样的目标？

课外活动里程碑的设置，实际上和第二章"时间管理，让学习效率显著翻倍"部分（111 页）中介绍的各项方法有异曲同工之妙，都能促进我们更高效、有条理地做事。每到达一个新里程碑，总可以让人获得喜悦感、成就感哦！

随时复盘，不断提高

有句话说：进步，不论多微小，都能让人高兴一整天。

参与课外活动的一大乐趣，就是在过程中不断实现的成长，从新手到资深大侠的闯关升级。

我习惯用以下几个方法来加速在课外活动中的成长。

第一个方法：准备一个"课外活动进度档案"——做法很简单：在每次课外活动后及时复盘，记录参与情况和个人思考，尤其要写下进步和待提高之处。每过一段时间后（比如每月月末），对照之前设置好的"里程碑"，做一次阶段性总结评估。总之，要主观能动性地多思考、多复盘。

第二个方法：如果时间和精力允许，可以尽量多参加一些比赛。赛前的冲刺准备阶段往往也是显著提高水平的黄金期。

刚上初一时我还是个英语小白，在电视上看到用英语谈笑风生的外文主播由衷地羡慕。我也想说一口漂亮的口语，所以参加学校英语社就成了优先级最高的课外活动。那时候，刚好从教育部、外研社到市教育局都在举办大大小小的英语口语比赛，我不假思索统统报了名，想借机锻炼一下，看自己到底几斤几两。

参加的第一个比赛是在全国范围内都很有影响力的某英语演讲大赛，我哆哆嗦嗦地通过了市级决赛，但在全国复赛的第一场就被刷了下来。没辙，"北上广"的选手太强了！

看到差距以后，我暗暗跟自己较劲儿，发誓明年一定要完美回归。我接着报名参加了第二个、第三个口语比赛。在赛前备战时，我狂看了上百部英语电影、背了几百篇英语美文，还经常厚脸皮地找外教加练。这一阵折腾下来，我的口语能力突飞猛进，初二时再次参加一年前折戟的英语演讲大赛，一举拿到了全省第二、全国二等奖。

如果你也想短时间内从小白变大咖，就不妨试试我的这招"参赛助长法"，保证管用。

第三个方法关乎"自我激励"，这是我们在校内学习、职场打拼和课外能力锻造时，都应该具备的一种心态：不轻易安于现状、自我满足，而是勇敢地突破舒适区、不断进化升级，以胜任难度更高的任务和挑战。

我一直相信，对自己高标准严要求的人能成长得更快，也会看到更远、更美的风景。

前文提到，Reach Out 是我在耶鲁时很重要的课外活动经历。我从小爱旅游、探险，痴迷国家地理和人文历史，大一时邂逅 Reach Out 的一刹那，我便知道自己找到了组织，而且决心在这里好好"待下去"，有朝一日成为 Reach Out 的关键角色。

大一时，我作为普通成员，从 90 多个报名者中脱颖而出，入选了 Reach Out 印度公益旅行的 15 人小分队。

大二时，我作为 Reach Out 旅行分队的优秀成员代表，竞选为当年的旅行领队，带着近 20 名耶鲁师生到中国山区支教两周。

大三时，我已经是有两年丰富经历的 Reach Out 元老成员，决意挑战自己，更进一步。我应聘了新一届 Reach Out 管理团队，最后成功竞选为 Reach Out 历史上第一位非美国籍的主席，牵头组织了几百名耶鲁师生去往十多个国家完成 Reach Out 公益旅行。

　　能从新手变身资深 Boss，就是因为我在推着自己往前一步，再往前一步。虽然爬升时必有阵痛，但不断突破舒适区的过程，真的很舒爽呢！

LEO 解读 SMART 原则法：制订切实可行的计划，达成人生目标

S: Specific

具体的，明确的

M: Measurable

可量化的，可度量的

A: Attainable

可达到的，可实现的

R: Relevant

相关的，有关的

T: Time-bound

有时效的，有时限的

哈佛商学院的第一节课，教授向大家抛出了一个言简意赅的问题："从哈佛毕业后，你们的人生目标是什么？"

我当时刚好把几位同学的回答记在了笔记本上：

"我要让爱充满生活，做一个有爱的人。"

"老实说，我首先还是希望实现财务自由，然后不留遗憾地度过余生。"

"我希望能为撒哈拉以南非洲的医疗卫生改革做出贡献，第一步就是回到肯尼亚，加入我们国家和医疗相关的政府部门……"

教授听罢微笑着点头："大家回答得都不错。我为哈佛招生办的老师们感到高兴，他们没看走眼，没选错人！"

接着，他话锋一转，说：

"哈佛学生可能是世界上最聪明（smart）的一群人，不过呢，几位同学的回答还不能算太'聪明'。不是说你们的人生目标不好，而是——大家意识到了吗——除了最后一位同学关于医疗改革的回答相对具体，其他的回答都有些空泛了。

"当然，也和我刚才的措辞方式有关，本来就问得有点宽泛嘛，不怪大家。今天是同学们在哈佛商学院的第一堂课，我想把一个聪明的制订目标的方法教给聪明的你们。这个方法叫作：SMART 原则法。"

这个设置目标的方法，就成了我在哈佛收到的第一份干货。从那以后，几乎每次规划新的目标时，我都会让 SMART 原则法作为自己的参谋。

SMART 原则法源自"现代管理学之父"彼得·德鲁克在其著作中有关目标管理的论述。"SMART"是一个缩略语，代表五个形容词，分别是：

S: Specific（具体的，明确的）

M: Measurable（可量化的，可度量的）

A: Attainable（可达到的，可实现的）

R: Relevant（相关的，有关的）

T: Time-bound（有时效的，有时限的）

用一句话通俗地概括 SMART 原则法的精髓便是：制订目标时，要充分考虑以上五大方面。这个方法由管理学大师最早提出，主要的应用场景自然也是商业、企业和员工管理中的目标制订工作，但 SMART 原则法同样适用于学习场景。下面，我就将举例讲解五个字母的含义，以及我们该如何相应地设置学习目标。

S: Specific（具体的，明确的）

这个词是 SMART 原则法的总起和高度概括。

什么是有效的好目标？一句话回答：这个目标必须尽量具体，尽量多一些关于时间、范围、地点等的定语。越具体、务实的目标，执行起来心里就会越有底，获得的结果也会越清晰、越明确。

如果一个目标过于空泛，也许它都不该被称作"目标"，只能算"梦想"。回到文章开头的例子，第一个同学的目标是"让人生充满爱"，虽然这个回答肯定没什么错，但"充满"和"爱"都是比较抽象的概念，也就导致这个目标过于虚幻，无法为接下来的执行提供很清晰的路径指导。

再举个很简单的例子。很多同学说：我要提高英语水平！这么说本身没毛病，但究竟要提高到什么程度？在什么样的时间维度之内？这些信息在这个目标陈述句里统统缺失，也就无法满足"specific"的原则。

如果你说，"我要提高英语水平，这学期期中考试要考到 85 分，期末考试要考到 90 分以上"，这个目标就变得具象、明确了许多，也就达到了"specific"的要求啦！

M: Measurable（可量化的，可度量的）

文章开头第二个同学的回答是"实现财务自由"，我相信这也是很多读者的共同诉求。不过，"财务自由"该如何定义？到底要有多少身家，才能算"财务自由"呢？

这就引出了 SMART 原则法的第二项要求：一个好的目标，必须是可量化、可度量的。如何量化"财务自由"？最直接的方式自然是定一个具体的数额。比如，"我要实现财务自由，在退休前现金存款达到至少两亿元"。这个数字就好比是实现目标过程中的指路灯塔，让为之奋斗的人有了明确的参考。

回到上一段"提高英语水平"的例子大家会发现：如果达到了 M 这项要求，往往也同时让目标变得更 specific 了。没错，满足 M、A、R、T 中的任意一项或几项，都能使目标变得更加清晰、具象、明确。

A: Attainable（可达到的，可实现的）

我们都知道，学习、工作时不可好高骛远。在设定目标时也是如此——切忌把目标定得高不可攀。我们确实要"仰望星空"，但更应该"脚踏实地"。SMART 原则法中的"A"说的也是同一回事：好目标首先应该切合实际，是我们经过努力之后确实有机会实现的目标，而非可望而不可即的海市蜃楼。

还是以学英语举例。假如你刚学会了英语的 26 个字母，却希望"在三个月内托福考过 110+"，这个目标可能实现吗？几乎无异于痴人说梦，纵使踌躇满志、不眠不休地恶补英语，到头来也很可能是竹篮打水一场空。

所以，我们在设置目标时一定要循序渐进、一步一个脚印踏踏实实地提高。制订任何学习目标时，都要客观地结合自己当下的进度和能力。对于刚掌握英语 26 个字母的初学者，也许"在三个月内背会至少 300 个单词"才是更"attainable"的目标。

R: Relevant（相关的，有关的）

不管是制订每日 To-do list 上的小目标，还是设计关乎未来数年的大目标，我们都要提防"跑题"。

什么叫"跑题"？写作文时跑题了，是指论点、论据偏离了中心思想。而目标设定时的跑题，指的是目标偏离了当下的人生主轴、优先级最高的事情、你最想达到的"诗和远方"。

设置目标时"不跑题"这项要求看似简单，却是很多人做得最不好的一面，因为生活中总充斥着各种干扰项和诱惑，而人们又缺乏足够强的定力去约束和引导自己"走直线、不跑偏"。

满足"relevant"这个要求并不难。在制订目标时，我习惯问自己这些问题：

对我来说，当前优先级最高的事情／大方向是什么？

为什么要设置这个目标？和我的大方向、大目标相关吗？能帮我离大的理想更进一步吗？

总之，时刻记着：什么才是对自己最重要的。

T: Time-bound（有时效的，有时限的）

最后一个原则更容易理解：定目标时别忘了考虑"时间"这一维度。如果一项目标没了截止日期的约束，就丧失了至少一半的意义。难道什么事你都可以待到山花烂漫、猴年马月之时，才慢条斯理地做完吗？当然不是。如果在完成目标的过程中忽略了时间管理，就可能使机会成本不断地增加，进而导致焦虑等负面情绪的产生。

我经常听周围的人说："不行不行，玩手机上瘾了，我要赶紧恢复阅读了！"很多人说完这话就没了下文，一是因为当时也仅是"说说而已"，根本没有真正实现的动力；二是因为没有"time-bound"——如果缺了一个明确的时限，又怎能给自己增加紧迫感呢？

如果把目标定成：

"今年我要重拾阅读，在年底前总计读完 30 本纸质书。具体来说，上半年结束前要读完至少 12 本，下半年结束前要读完另外 18 本。"这样的目标就具有了时效性，也就变成清晰、有效的好目标了。

文章最后，给同学们留一道"家庭作业题"：

选择最近对自己很重要的一个目标，试着用 SMART 原则法对其进行优化。

祝大家好运！

05

少年锦时，LEO 学长
的学习成长之路

因为他们，我从小就对学习充满亲切感

我对学习的亲切感很大程度上起源于幼时的成长环境和家人的积极影响。对此，我一直非常感恩。

我出生于泉城济南的知识分子家庭，父母是山东大学经济系和英语系的校友，毕业后双双留校任教数年。也因此，我幼时最初的记忆和山大老校、山大教工宿舍楼密不可分——那些回忆的片段虽模糊，却温暖。我依稀记得爸妈的讲师同事们来家做客、谈论诗书和古今。即使刚记事的我丝毫听不懂，也总能从他们兴致勃勃的表情和欢笑中感受到知识的美好。

我上幼儿园中班时，父亲离校经商，母亲受邀转至山东财经大学（当年简称"财院"）外语系任教，我也得以继续在大学校园里生活。财院的校园不大、朴素、没太多可圈可点之处，却是我至今想念的"童年乐园"。

当时我们住在财院校区北侧的教工住宅楼，左右邻里多是校内的老师和他们的家属——同栋三楼住着的英语系讲师金阿姨一家，对门会计系的王教授一家，旁边单元楼时常互动的贸易系高老师一家……都是善良而有趣的人。我爸出差不在家、我妈临时在教研室开会加班时，我这个小不点就会被送到邻居家，吃百家饭、读百家书，听叔叔阿姨们讲各种见闻逸事，太幸福了！

我读的幼儿园就在财院校区里（学费超级便宜，大概只有如今幼儿园收费的百分之一），生源也多是教工子女，因此学习氛围相对浓厚。印象深刻的幼儿园文化活动有"故事角"（每天由一位小朋友在全班面前讲趣味故事），"智力游戏大比拼"（魔方、速算、拼图等益智类游戏比赛）和"世界歌曲大赏"（老师带着孩子们学唱诸如《雪绒花》等源自影视剧的名曲）。同学里鲜少有兴风作浪、叛逆捣蛋的角色，大多是喜欢读书、有求知欲的小朋友，所以在财院幼儿园的几年里，我得以和大家一起不断学习、吸取新知。

说回到我的家人。我们家上溯数代都没有官宦和经商背景，几乎全是读书人，我母亲这一侧更是如此，姥姥和姥爷尤其令我自豪，他们生于 20 世纪 10 年代和 20 年代。姥爷从山东临清考上大学，成为西南联大的学生；姥姥是家中长女，旧时女性常被剥夺读书机会，但她的父亲（我未曾谋面的曾外祖父）坚持让所有孩子（包括女儿们）接受教育，硬是培养出包括北大校友在内的"一窝大学生"——请容许我在介绍这段家族史时略微"凡尔赛"，因为由衷地为长辈们骄傲。

有这样的姥姥和姥爷是我的福气。还在济南生活时，我几乎每周末都会和表哥、表姐在姥姥家集合，除了做孩子们都喜欢的游戏（比如飞行棋、跳棋、大富翁），我们还会围在二老身边，"听他们讲那过去的事情"，比如青葱岁月里的校园往事，比如参加工作后的难忘经历（姥爷是大学老师，姥姥在齐鲁医院工作了几十年）。除了听故事，我们还会跟着姥姥看戏曲，跟着姥爷临字帖、学写繁体小楷。姥姥和姥爷都是大书虫，他们的两居室房子不大，却有丰富的藏书。幼时的我虽然看不懂那些大部头，但已经对姥姥家一排排、一摞摞的书心生向往，暗自期待有朝一日将它们全都读透（可惜这个梦想至今未实现）。

另一件印象深刻的事是姥姥、姥爷的"新年好书大礼包"：几乎每年春节时，两位老人都会给表哥、表姐和我准备三个不同的好书礼包，内含传记、文学、科普等不同分野的课外书若干，在除夕前后送给我们。这个礼包可不是送完了事，姥姥和姥爷会在之后不定时抽查我们的阅读情况：

小昭昭（我的小名），××书读得怎么样了啊？来，给姥爷讲一下××章节的内容，说说读后感吧。

这件事一直延续到我们三个孩子悄然度过童年期、进入青春期，直到姥爷去世的那一年。这些年下来，在姥姥、姥爷的引导和"监督"下，我真是读了相当数量的好书！后来，姥姥依旧会给我们开书单。前些年我回济南探亲时，惊讶地发现年过九十岁的姥姥仍时常挑灯夜读：在一盏台灯旁，一个戴重度老花镜的瘦小老太正捧着一本书，躺在床上静静品读。有次过年，姥姥颤巍巍地朝我走过来，递上一张纸条。我定睛一看，是姥姥手写的一些书名。没等我纳闷，姥姥说：

"昭昭，有空的话帮我去新华书店买回这几本书，可好？"

这个可爱的老太太，就是如此地活到老、读到老、学到老。在她的影响下，我这个做外孙的不爱读书都难哇！

再说回我在财院的小家，学习气氛同样"在线"。我之前曾数次分享"母亲牌睡前阅读"——我读幼儿园大班前不识字，但这丝毫没妨碍我和好书亲近，因为我给力的妈妈会在儿子睡前朗读故事半小时，直至我入睡。我妈当时都给我读了些什么呢？比如四大名著（年纪尚小，《红楼梦》除外），比如《三侠五义》《封神演义》《聊斋志异》等中国文学经典，比如安徒生和格林童话故事，比如各类人文和科学文章……妈妈的朗读从不会因听众是个不谙世事的"小屁孩"而降低难度，变得奶声奶气，她习惯尊重作者，把书中最原汁原味的意境读给我听。有时我妈还会"埋梗"，比如故意把某个情节读错，看我能不能发现其中的破绽，借此锻炼我的思考分析能力。她也喜欢读到一半时突然暂停，让我先尽可能多地设想接下来的故事发展，之后再公布"谜底"。总之，对于童年的"母亲牌睡前阅读"，我给 10086 个赞都不嫌多。

做老师的妈妈发自内心地爱学生。她和学生们的交集不止于教室，而是一直延伸到了我们家。周末时，妈妈会邀请大学生哥哥姐姐来家里吃下午茶、吃饭、看电影。作为英语系讲师，她对西方菜谱颇有兴趣、小有研究，也会在学生们来做客时特意烹煮几道英美菜肴，比如黄油烤鸡、脆皮猪肘、凯撒沙拉、吉士汉堡和香肠比萨。大家边大快朵颐，边听李老师分享美食背后的文化故事，吃学并重，不亦乐乎。吃饱喝足后是观影时间，我妈会播放事先准备好的英文原声电影录像带，带着大家欣赏。小小的我也会搬小板凳坐下，或被大哥哥、大姐姐抱在大腿上一起观看——不过，有亲密镜头的爱情电影除外。看电影时，妈妈会见缝插针地讲解台词金句、让学生们默念跟读，我虽然一头雾水，却也尝试着鹦鹉学舌一番。这些活动都建立了我对英文最早期的语感。

我的父亲因工作时常出差，但对我的学习引导从不马虎。每次回家时除了给我带些外地的"神秘礼物"，他还会有意识地多陪我去动物园、植物园、科技馆、博物馆和书店，边逛边讲解，然后尽兴而归。我的家人、我出生和成长的乐园、那些让我想念的良师益友，共同构筑了我充满书香的童年，让我此生注定与学习为友、为伴。

我上小学时，爸妈会监督我写作业吗？会帮我检查作业吗？

本篇开头我想先说两句话：

家长朋友们，你们真的辛苦了。
孩子们，也真的苦了你们了！

我指的是在"写作业"这件事上，亲子两代共同付出的巨大心力。不知从何时开始，陪孩子写作业、检查作业成了家长的一项"must-do"（必完成之事），不少老师甚至专门组织了"家长批改作业群"，让每位家长定时打卡，确认当日已完成家庭辅导、查作业任务。而孩子们也只能在颇有威严的家长监督下把家庭作业"熬"完……

这种教育方式我不敢赞同，因为它从根上做了一项不太好的假设：孩子不会保质保量地完成作业，必须经由家长这道督查关卡才能实现。这样的根已经有了不信任的意味，这件事也给家长和孩子平添了本不该有（起码少很多）的压力和烦恼。

好在 2021 年有了旨在为大家减负的"双减"政策。我也真心希望在政策指引下，"给孩子查作业"这件事不再是家长必须完成的教育 KPI，不再是孩子每天放学回家后愁眉苦脸的原因。

即使孩子调皮捣蛋、做作业极不自觉，"家长盯着、逼着写作业"也不是釜底抽薪的最有效的办法，只可能把局面变得更被动，甚至亲子关系都会雪上加霜。这样的问题需要家长、老师和孩子三方共同面对，一起分析原因，心平气和地解决。

说回我自己。"LEO 学长，你小时候有过被家长逼着写作业的经历吗？爸爸、妈妈会在一旁监督你吗？"

很幸运，我的童年里从未有过这样的情景发生。不夸张地说，写作业就是我自己的事，爸妈鲜少过问。因为我在这方面确实让父母省心，从小学一年级起就养成了高效做作业的习惯。低年级时作业量少，我几乎都能在放学后的半小时内"搞定"所有作业。

动作如此之快，是因为我天生喜欢且擅长写作业吗？当然并非如此。但凡是作业就会耗人心神，怎能是一种享受？面对作业，我当时的想法无非是：1. 早写晚写反正都得写，要不老师肯定跟你急！与其拖拉着不写，还不如铆足劲儿"快、准、狠"地完成，是不是？2. 我还要去过丰富多彩的课外生活呢，可不能让没写完的作业变成绊脚石啊。

受着这两个考量的驱使，我就成了同学们口中的"作业小达人"——"李柘远做作业特别快，而且错题也少！"

我是如何做到速度和质量双保证的？主要有以下几个"独家诀窍"。

第一写作业时"无敌专注"、心无旁骛，绝不扯闲篇"开小差"。当年还不知道"番茄钟工作法"这个概念，但其实我早已践行：我会在开始写作业前看一眼时钟，接着在之后半小时里尽量不走动、不吃零食，为的就是尽快完成所有作业，多给自己留些自由时间。小学时我几乎不跟伙伴们一起写作业，毕竟大家都是孩子，凑在一起就容易叽叽喳喳跑题嘛。

第二个诀窍叫作"碎片时间见缝插针法"，即抓住各种碎片时间开始写作业，这个方法我从小学一直用到大学毕业，为自己节省了太多时间。举个简单的例子：数学老师上午讲完课后就会把当天的作业写在黑板上，大多数同学只是看上一眼就开始去课间玩耍了，但我习惯在去完洗手间后便回到座位翻开当天作业的章节开始做题——哪怕只做完两三道题，也是把进度条往前推了一点呢！中午吃完饭、午休片刻后，我会再做半小时作业。这样在下午上学前，我可能已经把当天的作业完成了至少三分之一，遥遥领先于大多数同学了。

第三个诀窍是"提前库存法"。有些作业是老师的保留曲目、每周必有，比如语文老师布置的"周记"。这样的作业就不必坐等老师布置，也不一定非得到周末才写。我经常在周中时就利用闲暇时段把当周的周记写好，也因此为周末腾出了至少一小时的自由时间。

第四个诀窍叫作"不同作业间歇转换法"。每个同学都会有自己最喜欢／擅长和最讨厌／薄弱的科目，相应地也会有"得心应手"的作业和"枯燥无味"的作业。为了让做作业的过程更"顺溜"，我有时会把不同科目的作业交替着写。假设最擅长数学、最不喜欢英语，那么就可以先写十五分钟数学，然后"对付"十分钟英语作业，随后回到数学作业十分钟"换个心情"，接着趁状态不错，再返回英语作业……写作业时的"烦""头大""疲惫"就因为这样的自主调节而减少了许多。

这几项写作业的诀窍一直陪伴着我从小学到中学，直到从哈佛毕业，可谓屡试不爽，也让我一直处于学习的良性循环状态中。因为作业做得快、巧、好，我也得以获得了更广阔的课外空间，把童年过得充实多彩。比如一本接一本地读课外书，比如参加校内外的各类活动——当班干部、少先队大队委，参与体育训练，到大自然里畅快奔跑、探寻动植物世界的奇妙，和贫困山区的小伙伴结对子、当笔友等。

回顾整个学生时代，作业量固然随着年岁增长而增加，可我非但从未被作业束缚为各种习题伤神，还在某种意义上和作业成了"朋友"。我积极高效地面对它、解决它，通过它夯实所学，而它也从不刁难我，这样的关系是不是特别棒？

还想再说一点：作业里一定有不会做的题，碰到棘手难题时就先回归课本和课堂笔记，努力结合近期所学的知识，找到解题方法。如果苦思冥想后依然不得其解，也千万别把难题撂在一边不管，而是第一时间请教学得好的同学，或直接向老师求助。我的学习原则一贯是：知识盲点、弱点坚决不过夜，碰到一个扫除一个。如若作业里不会做的题越积越多，我们自然会越学越累，这可是对成绩的进步有百害而无一利噢！

课外充电：父母是否会强迫我上补习班？

这篇讨论的是我从小被问到大的一个永恒、经典的问题：

"LEO 同学，你小时候都上了哪些补习班、辅导班？你父母会强迫你课外补习吗？会帮你做主报辅导班吗？"

我先来回答问题的后半部分：

从来没有。在课外补习班或辅导班这件事上，不管是幼儿园、小学还是中学时期，我从没被父母强迫过。实际上，我工作繁忙、精力有限的爸妈大概都没花时间研究过辅导班。也就是说，他们是以北京海淀和上海为代表的"鸡娃家长"的对立面。

是的，我很幸福，从没有被"鸡"过。当然这和我自己在学习习惯和成绩上的"给力"不无关系——单纯阐述事实，并非自吹自擂。在前面几篇里我提到了自己的学习原则：尽力不让知识盲点、弱点过夜，遇到不懂的和做错的题就第一时间消灭。为了及时查漏补缺，我养成了常向老师请教、不懂就问的习惯——同学们可以回读第二章"LEO 学长的'请教老师秘诀'"（077 页）这一节内容，也正是因为老师的悉心答疑（感激我的恩师们），我在面对知识难点时总能做到兵来将挡，水来土掩，再辅以高效的预习、复习等学习方法，从而把每一科都学得扎扎实实，考试成绩长期名列前茅——这个完整过程，就是学习的良性循环系统！

能在校内把功课学好、把考试考好，何必还要花钱、花时间去课外补习呢？所以我想再"苦口婆心"一次：学弟学妹们，为了你的心情、你爸妈的心情、你全家的心情，请尽量借助一切校内资源好好学习吧！尤其要多请教老师，不懂就问。记住学长这句话：要想考得好，抱老师大腿不可少。

再来回答问题的前半部分：虽然我没上过学科应试类补习班，但和校内学习无关的、兴趣 / 能力拓展类的辅导班当然参加过，并且从中收获颇多。下面就来"揭秘"我小时候上过的辅导班。

说明一点：报名决策全是我依照个人兴趣做出的，父母从不替我做主，几乎都是"没问题，儿子。好嘞，这个班不错，你去学学吧！"的态度。他们在这件事上的贡献主要是——帮我付学费（谢谢爸妈）。

5 岁半：书法班

这是我人生中的课外兴趣班初体验。小时候，周末我常去姥姥、姥爷家玩，印象颇深的是两位老人俊逸的书法，尤其喜欢姥姥的小楷。作为新旧时代交替的知识女性，姥姥能写一手漂亮的正体小楷，还不时用毛笔给我写竖版信，表达她对外孙苗壮成长的祝福。受姥姥、姥爷的影响，正上幼儿园的我也希望写出行云流水的中国字，于是就有了后来书法班的拜师学艺。

从一笔一画的临摹练起，到独自完成数百字的楷书作品、在济南少儿书法大赛中获奖参展，我用了一年时间。学书法绝非只是练字，而是同时磨炼心性，尤其是细心和耐性。为什么一年之后停学了呢？主要因为幼时的我本身十分文静，甚至有些羞涩、内向，母亲怕我越练越静——男孩子，还是得有些活泼灵动的"野性"才好。于是在倾听并尊重我的意见后，书法班之旅告一段落，但书法从此也成了我减压、放空的一大爱好，直到今天还不时用硬笔或毛笔临帖、做手抄。

7~8 岁：珠心算

我对数字的敏感大概有一半得归功于小学一、二年级时的珠心算训练。这真是极棒的学习项目，我强烈推荐给年龄尚小（小于 10 岁）的孩子们！

学习珠心算的机缘说来有趣。20 世纪 90 年代百货商场的售货结算模式还很传统：一个个专柜上摆放着商品，专柜后面站着售货收银员，他们几乎人手一把算盘，用于算账。刚上小学的我看着售货员们熟练地操控算盘，手指在上面一拨就算出精确的数字，不禁心生佩服，也暗自希望能学到这项酷技能。恰巧我的小学在遴选低年级学生参与珠心算兴趣班，当我听到"学会珠心算就能玩转算盘"时，便满心欢喜地报了名。

对我来说，学珠心算的过程几乎没有一点苦头，大概因为我确实喜欢数字、喜欢算盘吧。珠心算神奇的一点是大量的算盘操作练习（"打算盘"），让人逐渐在大脑中构建起清晰的"算盘影像"，继而胜任快速、准确的心算，也就是无须手打算盘或在纸上演算，直接在脑子里拨算盘完成计算。为了达到这一目标，我进行了由浅入深、不断升级的训练，从最初级的"进位1"手打算盘练习、快速看数报数开始，直到胜任五位数以上、连续三十个数字的加减心算任务，算盘影像在我的大脑中日益清晰稳固，几乎相当于一个精确的植入式计算器！即使如今年过三十岁，我的脑海里依然存在当年构筑的算盘影像（只是较幼时模糊了些），也依然可以轻松应对四位数以内的速算。

大家可千万别认为珠心算过时了。相反，学习珠心算的好处颇多，比如对数字敏感度的提升，对专注力、记忆力、计算力、想象力的锻造。总之，十二分推荐。

小学三到六年级：学校的"周末乐园"

从济南搬到厦门后我虽暂停了珠心算训练，但新小学提供了更多的兴趣班可选项，统称"周末乐园"（因为都在周末上课，且老师讲课风趣轻松，没有作业和考试任务）。从三年级到小学毕业的几年里，我从未受到过老师、家长的任何"逼迫"，一直依着个人兴趣报名学习，比如奥数班、口语班和生物探究班，学习的过程也是欢乐满满，不为应试、"不求甚解"，只求快乐学习、补充知识和拓展视野。

说句题外话：六年级下学期时我有一阵子爱给自己打鸡血，希望在小升初考试中夯实年级第一的"霸主"地位，并在外国语学校的择优考试中进入全市前五名。为完成这项"伟业"，我专门从书店抱回初中教辅若干，还破天荒和爸妈商量着，能不能提前找机会和初一、初二的大孩子们一起学习。

猜猜我妈的反应是什么？并非"老母亲般的欣慰和感动"，而是：

　　"哎哟，儿子，你可别。没必要！这样已经很好了，干吗给自己那么大压力？写完作业赶紧睡觉，要么就玩会儿。欸，对了，你不是想去大理、丽江旅游吗？我今天看到旅行社组织了一条深度游线路不错，你看看，暑假自己报个团去玩玩儿？"

　　在学习、报班这件事上，我的家长就是如此不给我压力，如此省心，如此放飞。

小书虫一枚：LEO 哥哥年少时的书单大揭秘

因为从小生活在一个有浓浓书香味、有学习氛围的家庭，所以我对书有理所当然的亲切感，甚至还养成了一个癖好：特别喜欢书墨香，每每闻到便觉愉悦、减压。和书有关的一切事物，我都喜欢得不得了，比如各式各样的阅读工具：书签、笔记本、手账，还有书橱、书柜和书桌，都是我的 "homie"（"闺密""玩伴"）。

在前一篇里说到了 "妈妈牌睡前阅读"，那是没识字前我最幸福的回忆。等上了小学开始认字后，我的阅读之旅就一发不可收拾了。说来奇怪，我成长的那个年代也不乏让人欲罢不能的电脑游戏，我并非不爱玩，但在一本散发着墨香、看上去特别精彩的新书面前，什么电子娱乐都瞬间黯然失色。我想，这还是和家里的 "书香满屋"、母亲的 "精彩说书" 有着密不可分的关系。做个也许不恰当的类比便是：一个吃着面食长大的孩子，在以后面对琳琅满目的山珍海味时，还是想回到家里的饭桌旁，吃上一碗热腾腾的汤面吧！

小学时我是怎么读书的呢？一个词总结：随心所欲。没有固定的方法、仪式和书单，读得自由自在，怎么舒坦就怎么读。我爸妈在读课外书这件事上从未给过我什么限制。只要是真善美的、有知识内涵的书，如果我喜欢，就会买回来让我尽情地看。

所以我童年时收到最多的礼物就是书，估摸着的有上千本，怎一个五花八门、缤纷多彩了得！为了码放这些书还换过多次书架；当然，也把不少书捐给了希望工程 "手拉手" 项目的山区小伙伴们。

周五放学后的下午是我一周中最幸福的时光，不只因为无忧无虑的周末才刚开始，更因为几乎每周此时，我都会和两三个玩得好的小伙伴一起坐公车去到中山路（厦门市著名商圈）的新华书店，一待便是两小时，在少儿图书区和好书 "约会"：选上一两本喜爱的新书，然后席地而坐、如饥似渴地读起来。大约晚上七点时，下班后的妈妈会来到书店和我集合。我便把选好的新书交给"母后大人"埋单，然后心情愉悦地和书店作别。到了饭点总不能饿肚子啊，妈妈就带着我和小伙伴们到书店旁边的麦当劳，或是到能看到鼓浪屿的必胜客，美美地吃上一顿洋快餐（每周只能吃一次，吃多了对身体不好）——那个年代的汉堡、比萨、炸鸡翅，真是好吃得不得了！

小学时我用来读课外书的时间特别多，可谓"得闲了就看上几页"。平日里写完作业后、入睡前的整块时间、节假日的白天和晚上，常都用来读书。一定还会有人问：每天读啊读的，你不枯燥吗？读书哪有那么好玩呀？

好玩，真的好玩。一旦进入了书中的世界，就会入迷、忘我，完全不想抽离出来。比如酷爱的《哈利·波特》系列，实在是精彩绝伦。我读小学那会儿，国内刚出版了《魔法石》《密室》《阿兹卡班的囚徒》和《火焰杯》，我翻来覆去通读了三四遍——没办法，就是太喜欢霍格沃茨魔法世界里的每一位巫师、精灵甚至"坏人"（比如伏地魔）角色了！读这套书绝非只是"猎奇""看热闹"，而是在读的过程中全面、深度地提高想象和推理能力。阅读力、写作力、综合的文感/笔感也能长进不少，因为马爱农、马爱新老师的翻译既精准又优美，孩子们阅读她们的译文，就是在上一节高水准的语文课啊。

我对书爱得深切，外出时也常在小书包里装上在看的书。在外地旅行的晚上回到宾馆后，十有八九是读着书入睡的。有时爸妈带我参加亲友聚会，大人们的谈天说地、觥筹交错我当然感到索然无味，也不可能加入其中。这时我就拿出书，独自坐到包厢角落的椅子上读一会儿，不需要，也不想任何人打扰我。对"小LEO"而言，书就是童年最好的玩伴。

很多朋友问：LEO，你是怎么读书的？阅读时都有哪些工序？我在前面章节分享了速读、精读的方法，这些都是我读中学后形成的阅读习惯。但童年时代的阅读多是随心所欲、无拘无束的，不会刻意借任何方法达成"高效阅读"，只想读得开心、过瘾，顶多把精彩片段摘录到小本子上，或是做成剪报集，外加偶尔写篇随意的读后感。阅读的原点理应是快乐、是享受，而非功利和刻意，对孩子而言尤其如此。

写到这里，我不禁想起小学时代的每一个暑假。七八月的厦门整日湿热，室外是不绝于耳的蝉鸣，室内是空调给予的惬意。夏天的午后，我穿着背心和裤衩，吃上几勺清甜的冰镇西瓜，再一个人一本书，津津有味地读起来。有时不知不觉睡着了，醒来时已是黄昏。这样有书相伴的单纯、温柔的日子，美好却一去不返。

附：LEO 学长的童年书单大揭秘

（说明：只是我的童年书单的一小部分，仅供同学们参考哈）

《水浒传》	《西游记》	《三国演义》
《封神演义》	《小王子》	《哈利·波特》
《爱的教育》	《钢铁是怎样炼成的》	《柳林中的风声》
《爱丽丝漫游仙境》	《雾都孤儿》	《山海经》
《昆虫记》	《金银岛》	《格列佛游记》
《地心游记》	《八十天环游地球》	《鸡皮疙瘩系列丛书》
《城南旧事》	《上下五千年》	《天方夜谭》
《窗边的小豆豆》	《汤姆·索亚历险记》	

杂志 / 报刊 👇

《中国少年报》	《儿童文学》	《童话大王》

非典型尖子生：我小时候贪玩吗？

经常有学弟学妹和家长朋友问：LEO 学长，感觉你从小到大都积极向上，又乖又"正经"。请问，你小时候调皮捣蛋吗？除了爱看书，你有别的爱好吗？除了学习，你会玩吗？

每当听到这样的问题我都会忍不住哈哈笑起来，也想借写此书的机会做个统一回复：

我确实上进努力，但我也是有血有肉的普通人。从穿开裆裤的小屁孩到光荣的红领巾再到长了喉结、胡须爱在女生面前装酷的大男孩，我们都会度过爱玩耍、爱做梦的童年时代。

所以一句话总结：我，小时候，当然也爱玩！而且学习之外的玩耍生活，丰富多彩！

只要是孩子，就理应有充分的玩耍时间。童年如果没了童趣，成何体统？况且孩子们在玩乐中得到锻炼，学会新知识、新本领，这一点和动物幼崽通过嬉戏打闹来夯实捕猎、协作等核心技能的行为，实在有异曲同工之妙。

想跟家长朋友们说：不是每个孩子都会成为学霸，也不必都成为学霸。但您一定希望孩子茁壮、快乐地长大，希望孩子能做身心健康、阳光的人。只要您有此心愿，就请不要剥夺孩子玩乐的权利。

我的父母绝非教育专家，但他们有一点我认为做得很好：从不把我和"玩乐"对立起来，从不严苛地约法三章让我这不能碰那不能玩。相反，他们会鼓励我和小伙伴们"出去疯、出去跑"，参与一切安全、有趣、有意义的玩乐活动。我妈还曾不止一次说：男孩子要有阳光、敢闯的男子汉气概，绝不能每天窝在家里和琴棋书画为伴。

想必不少读者朋友都好奇我小时候究竟玩了什么，所以下面先进行"LEO 学长的童年玩耍史大揭秘"，再分享两则自己跟"玩"有关的小故事。

关键词：昆虫大王

时期：幼儿园中班开始

描述：从小就喜欢昆虫，对各种虫子如数家珍。常在草丛里寻觅蚱蜢、螳螂、蝗虫、蟋蟀的踪影，或在雨后扑蜻蜓、夏日里粘知了。带回家的昆虫都养在客厅纱窗上，晚上点灯后蔚为壮观……

收获：通过"草丛逮蚂蚱"等活动亲近大自然；通过近距离观察和饲养小昆虫，学到了丰富的生物知识。

关键词：养宠大户

时期：幼儿园大班至今

描述：实在太喜欢各种动物——从珍禽猛兽到小鸡、小鸭。五六岁时爸妈送给我一对小鸡，如获至宝，在妈妈的帮助下我将它们养成了两只大公鸡。后来陆续饲养兔子、蝈蝈、小鸭子、蚕宝宝、京巴狗、鹦鹉、八哥、乌龟、热带鱼、猫咪等萌宠。至今仍是资深猫奴，每天给家里的"女猫子"铲屎，乐此不疲。

收获：培养了对世间生命的尊重与爱、对每一只宠物家庭成员的责任和担当，变成内心更柔软、温和的人。

关键词：建筑工地小跟班

时期：幼儿园大班到小学三年级

描述：酷爱建筑，曾梦想当建筑设计师。除了在家自己画图"设计"楼房，还喜欢到家附近的工地看叔叔们盖房子，一看一下午，乐不思蜀。和工人叔叔们混熟之后，会不时收到他们赠送的沙土和砖块余料。收到"大礼"后立马叫上几个小伙伴，一起在工地旁边"盖房子、建城堡"，不亦乐乎。

收获：对建筑美学最初的探索和感悟；通过看建筑工人盖房子，提高观察力、培养耐心；通过"盖楼"，增强条理性和细心。

关键词："皮孩子"

时期：幼儿园大班到小学三年级

描述：幼儿园大班前我很文弱，之后突然开朗、活泼、奔放起来。热衷爬高上梯，甚至有时"打群架"（但不是小混混的那种打架，是闹着玩的"打"，或者维护班里女生不受高年级男生欺负的"救美行动"）；做各种古灵精怪的实验游戏（比如最简单的可乐＋曼妥思实验）。

收获：释放孩童天性，"皮孩子式"玩乐产生的多巴胺让心情愉悦、童年无忧。

关键词：地理小狂人

时期：幼儿园大班至今

描述：疯狂喜欢地图、地理、旅游探险，从小到大翻烂 n 本地图册、地理书、旅行攻略书，对世界各大洲和国家的地理风貌如数家珍，对国内各省区的各种犄角旮旯的地理细节倒背如流，能脱口而出不同城市的市区轮廓、主干道、江河湖海名和主要景区。小学中高年级后享受自己设计旅游线路，独自参加夏令营和旅行团。

收获：不仅收获了海量知识，更拓宽了视野与格局，培养了对广博世界的热爱和向往，在心中种下敢闯、敢探索的种子。

我的多彩童年：充满美好回忆的小故事

9 岁

很多中国小孩都养过蚕，我也对白白胖胖的蚕宝宝喜爱有加。四年级时还成了同学们公认的养蚕大王——硬是把 4 条小蚕养成了一大窝几千条蚕，挨挨挤挤，盛况空前（有密集恐惧症的同学不要脑补）。

这么多蚕我一个人可养不过来。全班和全小区的小朋友挨个送了一遍之后，还有两三千条。

怎么办？卖！

一个周六的下午，阳光明媚，天空中飘着朵朵白云，我提着一箱蚕宝宝和一箱桑叶，到市少年宫门口摆摊——那儿全是孩子和家长，生意想不好都难。

一块钱 3 条，两块钱 7 条，一袋新鲜桑叶 5 毛钱……我就这么热火朝天地卖开了，生意红火得引来了附近的城管大叔。

那时我本来就个儿小，还被一群人围着，城管从远处压根看不清小贩是谁。记得他凶神恶煞、风驰电掣地赶过来，边走边怒喝："散开散开！少年宫门口不能随便摆摊，不知道吗?！"

小孩子们被吓跑了，我也就进入了城管大叔的眼帘。看到是这么"小只"的小贩，大叔态度瞬间好了起来。

"小朋友怎么不在家好好读书啊？这里不能卖东西的，知道吗？快回家吧。"

等他发现箱子里可爱的蚕宝宝时，眼神又进一步柔软了下来，似乎还透出点父爱。

"叔叔，对不起。再让我卖一个小时可以吗？我是实验小学四年级的学生。我最近与西部小伙伴"手拉手"结对子，资助两个宁夏农村的小朋友。我想用卖蚕的钱给他们买一些文具。妈妈很支持我这么做。叔叔能不赶我走吗？"

城管大叔一定被我的诚恳打动了，完全没了轰我走的意思。

我趁热打铁："叔叔，你的孩子一定也喜欢蚕宝宝吧？我送你 10 条小蚕和 3 袋桑叶，你带回家，孩子肯定会特别开心……"

城管大叔哈哈大笑："小屁孩很精嘛！好，那我这次就给你开绿灯。但是说好了，最多再卖一个小时就要回家，不然别怪我不客气咯。"

"哦，还有，收钱时当心别被大人骗。把摊子往里挪挪，离过路车远点比较安全，听到了吗？"

"好嘞！谢谢叔叔。"我目送大叔带着"贿赂"给他的蚕和桑叶远去，继续自己的红火小买卖。

一下午的营业额是 238.5 元。如果没记错的话，"资金用途"是这样的：给宁夏"手拉手"小伙伴买文具用了 200 块钱，给了一个很可怜的乞讨老奶奶 20 块钱，剩下的钱犒劳自己——买了少年宫"小饭桌"的烤鸡腿和炸香肠，还美美地喝了一大杯珍珠奶茶（当时这可是稀罕洋气的饮料呢）。

一周后，我的蚕宝宝帝国再添新丁——又一批蚕卵孵出了小黑蚕。这么多蚕，实在成了我甜蜜的烦恼。

就当我苦思冥想这周末可以去哪儿"遵纪守法"地卖蚕时，爸爸满脸抱歉地走进我房间：

"儿子，嗯呜，跟你说个事啊。客厅刚才进了苍蝇，我用杀虫剂喷了半天。但是我忘了你的蚕也是虫子，结果不小心把它们都喷'睡着'了……对不起啊。"

把蚕当宠物（压根没把它们看成"虫子"）的我一开始竟也没听懂我爸说的是什么意思，还傻啦吧唧地问道："啊，爸爸，蚕还会睡觉啊？"

走到蚕箱旁边我才傻了眼——可怜的蚕宝宝们要么已经一动不动，要么垂死挣扎奄奄一息，几乎都被杀虫剂送上了天国。为这事，我破天荒哭了一下午（自己从小就不爱哭），伤心极了。直到现在，我都对那箱小蚕充满愧疚，觉得是自己没照看好它们。

10 岁半

这一年我无可救药地迷上了一个东西：小浣熊干脆面里的"水浒英雄卡"，"90 后"一定对此不陌生。

《水浒传》是"四大名著"里我的最爱，我 5 岁多时妈妈就当睡前故事一篇篇地读给我听，认字后又陆续看了连环画简版和原版书，经常憧憬自己也是梁山一百单八将中的一员。

小浣熊干脆面出的水浒英雄卡设计精良，分普通卡、金卡、银卡等不同版式，完全俘获了我这样的水浒死忠粉的心。不仅是水浒迷，其实几乎所有小学生（包括小女孩）都加入了集卡大军。

小浣熊干脆面一包 1 块钱，为了集卡就得一包一包地买。当时每周零花钱只有 10 块，也就 10 包干脆面这么多。为了集齐心爱的水浒卡就得多买面，我为此使出了浑身解数。

第一个办法是为自己"创收"：和妈妈谈妥，我在晚饭后清洗碗筷、打扫卫生，每次获得 3 元"工钱"，这样一个月下来就多了 180 块。除此之外，我还把自己得了满分的作文配上课余时间争分夺秒创作的"随笔"海投给各种青少年报刊杂志。你别说，选中率还挺高，两个月就发表了十篇，得到将近一千块的稿酬。我甚至吆喝上几个不怕脏、不怕累的玩伴，周末满大街"捡垃圾"——收集各种易拉罐和空塑料瓶，不但为城市清洁做了贡献，一天下来还能换个二三十块。我对这收入已经心满意足了。

"可支配"现金虽然多了，但能买的干脆面数量依然有限。怎么办呢？我又想到一个法子：跟食杂店老板"谈合作"。

怎么个合作法儿？

第一是"要卡不要面"。干脆面嚼着挺好吃，但吃十包也就腻了，况且多吃对身体也不好。食杂店老板刚好同时经营着"小饭桌"，每天中午和晚上都有上百个孩子在那儿吃饭。我"趁机"跟老板商量好，以后买干脆面时直接在他眼皮底下拆包拿走水浒卡，把面和调料包原封不动留在店里，只付买卡钱 3 毛。老板回收完好无损的面饼，再配上其他食材，做成美味的青菜鸡蛋瘦肉面，给"小饭桌"的孩子们吃。这实在是个双赢的合作：我省了一大笔钱，老板也以极低的成本"回购"了面饼——要知道，一碗面他卖 10 块钱呢，撇除菜、蛋、肉和人力成本，依然能赚不少。

第二是"招徕客源换折扣"。除了这家在学校正门边上的食杂店，学校后门还有一家小店也卖干脆面。我跟食杂店老板商量，给买面的学生们释放一丁点福利，这样就能把另一家店的客源吸引过来。老板爽快地答应：买 10 包送 1 包（真的是非常小气的福利啊）！我继续跟老板"谈条件"：我去那家店宣传这项福利（就是广告员），每成功拉过来 5 个小伙伴买面，我就可以免费获得两包面。老板想了想，也同意了。

第二天下午放学后，我就跑那家店门口发福利小广告去了。同学们听到学校正门旁的小店有优惠，纷纷屁颠屁颠跟着我倒戈。记得那天一下子拉到快 20 个学生，我也喜滋滋地多得到好几包面，在其中一包面里得到了梦寐以求的"母大虫顾大嫂"（梁山 108 将的三大女将之一）的金卡！

为了集齐所有水浒卡，我还积极参与换卡、赌卡活动，没多久就娴熟掌握了各种赌卡技能——比如，两张卡平放在地上，用手从侧面扇风，如果能把卡扇翻过来，卡就是你的了。

最终，除了一直没集到 108 将里排行 54 的"小温侯吕方"（后来知道是小浣熊厂家故意没生产这张卡），我把其余 107 将的普通卡、金卡和银卡都集齐了，仔仔细细码了三大本，酷炫得没边儿。

一些同学对此眼馋不已，在我的卡本前流连忘返。每每看到他们艳羡的眼神，我就爽快地答应把卡本借给他们两三天，可以带回家继续欣赏或给别的小伙伴炫耀。这下可好，全年级一半同学都知道了我的卡本可以出借，一到下课就有人过来求借卡。没辙，我只能把免费变有偿：普通卡卡本借一天 2 块，银卡本一天 3 块，金卡本一天 5 块。

可需求依然有增无减，我也歪打正着"赚"了一笔小钱，给自己买了当时特别拉风的阿迪达斯新款书包。

我小时候是否有当班干部的经历？都有什么收获？

问对人了！我从进了小学以后就没"卸任退休"过，能当的班干部角色几乎体验了个遍：从一年级刚开学第一周就被委任为小组长、小队长，到人生第一次班干部竞选时全票当选被誉为"脏活累活牵头人"的劳动委员，再到之后被老师和同学推举为学习委员、班长，乃至小学六年级时成为学校的副大队长戴上了三道杠……小学六年里，我一边读书一边"为人民服务"，每天都过得充实丰富。记得每次放假前都会收到老师的学期评语，在我的评语里总有雷打不动的一句：

该生担任 ×××，是老师得力的小助手。

当班干部的那些年里，我的这些能力得到了极大的锻炼：

· 综合领导能力（Leadership abilities）

· 沟通技巧（Communication skills）

· 责任担当意识（Sense of responsibility）

· 制订目标的能力（Goal-setting ability）

· 关注细节的能力（Attention to details）

· 时间与任务管理能力（Time & Task management skills）

· 同理心、共情力和利他之心（Empathy & Altruism）

学有余力的同学们，我非常建议大家在小学阶段至少当一次班干部，这能让你学到书本里学不到的知识，锻炼各项综合能力，在潜移默化中提高情商和挫商，加速心智的发育、成熟。

我小时候爱打游戏吗？会上瘾吗？

我作为一名妥妥的"90后"，没打过游戏那简直是天方夜谭。我从小接触的电子产品（电脑、游戏机等）还真不少。20 世纪 90 年代中期读幼儿园时我就体验过"微机"（当年对电脑的别称）上的小游戏；小学一年级时家里买了台式电脑，爸妈在上面安装了些游戏，我印象最深刻的是一款叫《爵士兔》的打怪闯关游戏。那时几乎每周末都会叫小伙伴们来家里打上几盘《爵士兔》。和《爵士兔》同时期的还有小霸王学习机和配套的游戏磁盘，什么《超级玛丽》《魂斗罗》《拳皇》，我全都打过 N 遍。再后来，电脑游戏开始了飞速迭代发展的黄金期，我进一步体验了《红色警戒》《仙剑奇侠传》《FIFA》《梦幻西游》等超人气游戏。对了，任天堂的 Game Boy 游戏机我也玩过，尤其对上面的《口袋妖怪》游戏至今记忆犹新。

还想悄悄跟同学们说：其实我在中学、大学时依然偶尔打把游戏，比如风靡一时的《宝可梦 Go》和《王者荣耀》——不过玩得不多、技术平平，因此段位不高。

很多人对学霸的固化印象是热爱学习、和电子游戏绝缘，实则不然。大多数孩子在成长过程中都或多或少地玩游戏，我当然也不例外。其实家长朋友们大可不必谈游戏色变，毕竟电子游戏绝非一无是处；相反，适当玩一玩构思精密、内容丰富的游戏，对开发大脑、提升想象力和创造力、锻造专注力和分析推理能力，都有积极正向的帮助。

不过话说回来，我虽喜欢打游戏，却并不上瘾，从未有过打到昏天黑地忘我的经历。为什么不会沉迷电子游戏呢？主要还是因为生活里的其他爱好同样吸引我，比如旅行远足、参与各种球类运动、看迪士尼电影和音乐剧、养小动物，以及我多次提到的阅读课外书。这些各具乐趣的活动使我坚信：生活多姿多彩，如果身陷虚拟的游戏世界就太可惜了！

想对学弟学妹们说：游戏固然有趣，但游戏之外的世界更是有趣得多——只要你去积极探索、发现和体验。

也想跟家长朋友们说：不要对孩子打游戏这件事过度焦虑，当孩子有沉迷游戏的苗头时，先不要劈头盖脸一顿责骂，而是注意在日常生活中鼓励他们参与其他有趣、有意义的课外活动，让孩子意识到生活的丰富多彩，爱上比游戏更"好玩"的事情。如果孩子不愿尝试，那么家长就身体力行地带一把。亲子共同参与，或许会有意想不到的惊喜和效果。

我身边有没有小时候成绩不行，后来却变身学霸的小伙伴？

当然，必须有。这样的例子不是一两个，而是几乎能用"比比皆是"来形容。曾经常被老师批评、被同学嘲笑、被家长恨铁不成钢的"后进生""学习菜鸟"，在进入小学高年级或中学后逐渐开窍，逆袭成"学习高手"，考取一流大学，绝非mission impossible（不可能完成的任务）。

为什么一些同学能完成逆袭？我认为有下面几个主要原因。

首先，每个孩子都拥有无限的潜能。成绩不行绝不等于脑子笨；一些起初学习差的同学仅仅是"慢热"，而不是不会学、学不好。随着年岁增长，他们会逐渐开窍，找到学习的感觉，越学越上道。做个粗浅的类比，正如一些人年幼时长相一般，成年后却"女/男大十八变"，长开后出落得美丽俊俏一样。所以家长朋友们别心急，不要在孩子年幼时因成绩不尽如人意而责骂其"笨、不争气"。这样充满负能量的话会伤到孩子脆弱敏感的内心，甚至让孩子对学习产生恐惧和排斥。

其次，我总结为"厚积薄发、水到渠成"。观察几个从"小菜鸟"逆袭进入一流大学的童年伙伴，我发现他们都曾是"非典型学习者"——小时候并非好好学习的传统"乖"孩子，而是上课开小差、不认真写作业的"问题学生"。但他们其实对学习有浓厚的兴趣，不上学时酷爱读课外书，或者玩数独、魔方、乐高等益智类游戏。这些活动都能在潜移默化中开发大脑，提高孩子的知识储备和学习能力，为中学之后难度陡增的课业学习打下坚实的基础。

还有一个原因是"受到了梦想的驱使"。很多同学年幼时对"为什么学习"没有概念，有些孩子会觉得上学苦，但长大后受到了身边人（比如优秀的学长和学姐、善于引导的家长和老师）的积极影响，梦想也正式萌芽。我的一位发小便是如此，小学前几年成绩低迷，但对航空充满兴趣的他在六年级某次参观航空公司的春游后顿悟：要想成为飞行员，学习成绩一定得在线。进入初中后，这位发小开始认真学习，没多久就摆脱了差生的标签，后来考入南京航空航天大学，如今已是国内某一线航空公司的飞行员，继续朝着"机长"的梦想稳步前进。

我是否建议孩子们将来出国留学？什么时候出去最好？

出国留学看世界是很多同学和家长的梦想，对不少人而言，甚至是很酷的一件事。这些年我收到过成千上万个关于留学的问题，比如"该让孩子出国读书吗？""什么时候送出去留学最好？""到哪个国家最适合？""在国外选什么专业有前景？""外国大学的课业负担重吗？""除了成绩，在报考前还要做哪些准备？""如何申请奖学金或助学金？"等，不一而足。

基于大家的问题，我专门制作过一套《哈佛耶鲁双学长的留学指南大课堂》，旨在结合自己申请学校和在耶鲁、哈佛的求学经历，讲解留学申请的方方面面，帮助学弟学妹和家长朋友们避坑。如有兴趣，可以在本书最后一部分扫描"LEO的超级干货教室"对应的二维码，报名学习这套课程。

说回最初的问题：学长，你建议孩子出国留学吗？什么时候出去最好？

我的观点是：因人而异，不可一概而论。留学能让人获得长进，但绝非适合每个人，需要结合自身性格、专业偏好、职业规划和家庭情况等因素进行考量。

举些浅显的例子：

假如一位同学热爱中医针灸，将来有志成为这方面的专家，就未必适合出国读书。毕竟中华传统医药的大本营在国内，无论学术科研水平还是之后的就业机会，都是其他国家无法比拟的。但如果一位同学对西方文学有浓厚的兴趣，尤其醉心于莎士比亚文学，希望未来从事与之相关的工作，就可考虑到英美院校留学，师从莎翁文学领域的著名教授。

再来就是结合实际情况，留学通常意味着花销更大，奖学金并非人人都有；某些国家的某些院校和专业更是不向国际学生提供任何奖学金。因此在做决定前，大家务必审慎评估留学成本——家庭经济条件是否能承受？如有一定负担，是否愿意并能够通过借贷等方式解决？

关于"什么年龄出去留学最好"，我的想法一定存在主观色彩，但假如我是一位父亲，大概率不会在孩子青春期时就把他们送出国读书。原因很简单：舍不得，也会非常牵挂。十几岁的少男少女正值人生中不太稳定的一个阶段，无论是心智、性格，还是学习、做事能力，都未定型。如果他们只身出国读书，结果实在莫测——可能出类拔萃、越发优秀，也可能遭遇逆反和挫折，甚至一蹶不振（这样的例子并不鲜见）。我不希望自己的孩子经受这些可能影响人生走向的考验。与其早早地让孩子"断奶"离家、"独闯天涯"，不如多留他们在身边几年，亲自教育、引导，直到孩子18岁成年后，再放他们远走高飞。因此，我建议在本科时或本科之后再踏上留学之旅。

哈佛学霸竟曾是"失学儿童"?

你相信我曾是"失学儿童"吗?

没错,我有过一整学期"没学上"的经历。二十多年前的1999年1月到夏天,因爸妈工作调动,我从一直生活的山东济南突然搬到了陌生的福建厦门。这也是我人生中第一次重要的"迁徙"经历。

1999年1月初临放寒假前的一天,妈妈告诉我:"儿子,我们马上要离开济南搬到厦门了。"幼小的我对"别离"尚无深刻的理解,只是懵懂地点了点头,隐约觉得生活即将翻开新的篇章。接着,妈妈亲自带我到学校领了二年级上学期的成绩单,向每一位老师鞠躬、道谢,随后回到我所在的班级教室,和同学们告别。

我清楚地记得在和关系最铁的几个朋友拥抱时,我们都泪流满面,妈妈和班主任也红了眼圈。几天后,妈妈带着几大箱行李和我,登上了去往厦门的飞机,同先一步抵厦入职的父亲在这个有着湿热的海风和温柔的花香的岛城团聚,开启了新生活。

当时搬到厦门实在能用"空降"一词来形容,从容不足而仓促有余。因为户口尚未迁进厦门,我无法直接入读当地小学。虽然我可以到私立学校借读,但父母商议后做出了颇有些魄力的决定:让我跳过二年级下学期,待几个月后户口解决了再入读公立小学三年级,也就是:先失学半年。

这项决定的背后还有一个重要原因:在济南读小学的一年半里,我一直顺风顺水,成绩没掉出过班里前二,爸妈在充分信任我的学习能力的同时,希望做个测试——当时在美国已经家喻户晓的"home schooling"("在家上学,接受教育")模式通过媒体报道传入中国,爸妈觉得"这个教育方式很有意思,有可取之处",便想让学习能力较强的我也试试水,在到厦门的前半年里边居家学习,边适应新环境。

按现在流行的话说就是:看儿子能不能hold住不去学校上课、在家学习的挑战！

那如果行不通，重返学校后跟不上学习进度咋办？

也不怕。小朋友可塑性强、进步潜力大，只要学习方法对、态度努力上进，一定能重回正轨。

于是，在客观条件的"被迫"和父母的"有意为之"下，8 岁多的我开启了自己的 home schooling 之旅。

虽然在 home schooling 的日子里不再"背起书包上学堂"，但那半年多确实是一段收获满满的学习之旅。在所有收获中最重要的并非知识的习得，而是自学能力的显著提升——即使没有老师的教诲，即使工作繁忙的爸妈鲜少有大块时间陪我学习，我依然可以自己啃书做题，日日月月有所学。即便暂时脱离了校内教育的框架，我却没"贪玩 + 放飞"，因为读书、学新知是从小就喜欢，也习惯做的事！

这段自学经历大致可以分成"正经学习"和"不正经学习"两部分。

"正经学习"指二年级下学期校内功课的自学。我托在济南的亲戚买了语文、数学等全套教材和练习册邮寄到厦门，又同时从新华书店抱回了福建二年级学生使用的教材、教辅（和山东略有差异），接着给自己定好了每周和每月的"学习小目标"，比如"本周自学完语文第一单元，数学第二单元"。在自学时遇到不懂的地方很正常，我会攒足一批问题，每月一两次给济南的老师打电话求教，有时还和老家的小伙伴们讨论作业难题。济南的小学进行单元考、期中考时，我也会要一份卷子做一做，摸摸底。

听上去是不是十足的好学生？哈哈，我也确实觉得自己上进。在家依然能认真学习的一大动力，用一个略微严肃的词来形容便是"忧患感"——毕竟远离学校长达半年，待秋天入读三年级时我可不想掉队！

当然，居家学习的时间安排比上学时灵活、舒服不少。我虽然是个上进娃，但小时候也爱睡觉，所以那半年天天很幸福地睡到自然醒，每天早上都是九点左右才开始自学，午饭后也常小憩片刻。当时和济南的小伙伴们打电话说起自己的惬意生活，他们都艳羡不已呢。

比起"正经学习"的中规中矩,"不正经学习"才是宅家半年里的最大亮点。不用上学了,我就有了大量可支配的时间和更多的自由,简直能任性地想学什么就学什么,每天都期待感满满。

"不正经学习"的一大活动是无拘无束地看课外书。那半年里去书店的频率出奇地高,无须等到周五放学,我就能在一周中多次搭公交车去书店,在少儿区待上一下午,和各种有趣的好书亲密接触,直到妈妈下班后接我回家。

另一个"不正经学习"的重要渠道是电视。在那个年代,电视还是具有绝对统治地位的媒体平台,各类精彩节目备受观众喜爱。我几乎每期必看的是央视的《正大综艺》《人与自然》《动物世界》,北京卫视的《东芝动物乐园》,除此之外也喜欢看《焦点访谈》和《东方时空》。谁说看电视会耽误孩子学习?恰恰相反,优秀的电视节目能分享无穷无尽的知识,拓展我们的视野和格局。正是《动物世界》等自然类节目让我成为生物百科小达人,《正大综艺》增进了我对外面世界的向往,而《焦点访谈》《东方时空》帮助我了解到社会百态,提高了思想深度。

"不正经学习"的形式不只泡书店和看电视,还包括去动植物园、科技馆、爬山赶海、听各种类型的音乐、自学素描、到本地的新朋友家做客等。趁着周末父母歇班时,我们还会来个说走就走的厦门周边游,到闽西探访客家土楼,到漳州东山岛看奇妙的风动石,到泉州感受海上丝绸之路文化的灿烂辉煌……

这半年多我没"读书"(上学),却也读了太多书:教科书、课外书、各式各样的"学习活动书"(比如看电视节目),还有社会这本大书!这半年成了我童年里最独特、美好的一段回忆。感谢搬家的经历和爸妈的决定,我得以做了一回快乐的"居家读书郎"——不但学到很多,还学得无比快乐。

8月底的夏末秋初,我参加了厦门实验小学的三年级入学考试。几天后学校发来通知:成绩优秀,准予录取!

拥抱新世界：如何快速适应全新的学习环境？

　　每个人都会在求学的旅途中经历数次"断点"和离别：从幼儿园到小学、中学再到大学，我们一次次和朝夕相处的老师和同学挥手作别，又在崭新的环境里遇见全新的一批人，并和其中一些人成为同窗挚友。

　　新的求学环境意味着陌生、紧张，甚至抵触，以及对熟悉的旧环境、旧友的牵念。但我们总得向前，总该在求学进阶的过程中羽翼渐丰，直至学生时代的尾声。犹记得我从幼儿园毕业的那一天，全班小朋友一起号啕大哭，满是对幼儿园的不舍（和对小学的一丝恐惧）。但即使哭过、怕过、不情愿过，终究还是背起书包进了小学，平安无事地度过了入学的阵痛期。

　　回顾自己近二十年的求学生涯，我经历的别离和阵痛比同龄人更多些：从北方到南方，从国内到海外，每一次都几乎是把自己从熟悉的环境里"连根拔起"，紧接着为自己暗暗打气，将眷恋和不舍化作迎接新旅程的动力。

　　8 岁时"骤然"从济南搬到厦门，算是我童年时最重要的一次断点式的离别。虽然有一半福建血统，但我在泉城土生土长，当时是不折不扣的山东娃。在 20 世纪 90 年代末的中国，不同地区的地域特性还很鲜明，济南和厦门更是一南一北截然不同。空降厦门后，我一切都得从头适应。

　　好在厦门是一座温馨、不排外的城市，环境清爽、百姓随和，我这个 8 岁多的北方娃感受到的尽是亲切的欢迎和接纳，未曾有过碰壁和被孤立的经历。

　　城市气氛虽然友好，但在入读本地小学的前一个月，我依然需要做出一番努力，才得以完全适应全新的生活和学习环境。

　　融入新环境的首要一环是"人"。如果能和各种人打成一片了，就已成功了大半。记得三年级开学第一天走进教室时，班主任请我在全班面前做自我介绍。当几十双眼睛齐刷刷盯着我的一刹那，紧张感瞬间从脚尖升腾起来——当一个 8 岁孩子面对满屋子的陌生人时，要有多强大的心理素质啊？

但我马上想起出门前妈妈说的话："从今天起，你就是一个厦门小学生了，要对老师彬彬有礼、和同学团结友爱，他们一定会接纳你的。"

像吞下了一颗定心丸，我朝大家微鞠一躬，微笑着开始自我介绍：

"同学们好，我叫李柘远，来自山东济南，现在搬到了厦门生活。很高兴和大家成为同学、朋友，谢谢！"

我话音刚落，老师就带头鼓起了掌，台下的同学也多以笑颜回应。进入新环境的第一关，顺利通关。

开学第一周，带着广交新友的开放心态，我很快和几个同学熟络起来，又通过他们的"引荐"，和更多同学玩到了一起。跟老师们的"初交流"也很顺利：利用第一天的课间时间，我主动到教师办公室和每位科任老师大方地介绍了自己。不出两天，全年级的老师就都认识了"那个新转学来的山东孩子"。

这段快速、积极融入新环境的经历让我学到三点。

首先，初入新社交圈时一定要做"善意假设"，要相信绝大多数人是友好的、是对你有好奇感和新鲜感，从而愿意和你交流的。千万不要因胆怯或其他原因把自己封闭起来，不主动和人交谈。若想在新的求学环境里顺利融入，就不能等人拉你，而是要自己"主动出击"，哪怕先和一两个同学聊起来，再通过他们和更多人建立联系。不用多久，你就能摆脱"alien"（外来新人）的标签，成为"大家的一分子"。

其次，在尝试融入新环境时要自信自信再自信——这股自信源自哪里？源自你和别人不一样的成长、教育背景，源自你的与众不同。要相信你不比新环境里的任何人差；相反，你一定有本地人不具备的优势，并且要敢于、善于凭个人特长在新环境里帮助别人创造价值，这么做才能助你更快地和大家打成一片。回到我的例子。因为在北方的大学校园长大，我能说一口标准的普通话。在二十多年前的厦门，可以字正腔圆讲话的人凤毛麟角。刚入学两天，我就成了语文老师的得力助手，协助同学们完成课文朗读的纠音。不少在家说闽南语、上学说"厦普"的伙伴也因此心生佩服。因为普通话地道、语言组织能力强（看书多的缘故），我很快被选为学校升旗仪式和文艺晚会的主持人，大家对我就更刮目相看了，连其他年级的师生乃至校长都知道了这个叫"泽眼"（厦普口音的"柘远"）的转学生。

最后，初入新环境时肯定会碰到不明白、不理解的地方，有时还会让你一头雾水。如果碰上不明白的问题就第一时间发问，别因为担心丢人就把不解藏掖在心里，那样做只会导致之后更大的学习障碍甚至误会。刚到厦门时，我还听不惯闽南口音浓郁的普通话，恰好三年级的数学老师是一位"老厦门"，语速快、口音重，讲课讲到兴起时还飘出几句闽南话，同学们听后哈哈大笑鼓掌叫好，我却一脸茫然，丈二和尚摸不着头脑。努力适应两三天后有所改观，但因为无法100%听清老师的讲解，我对个别知识点的理解产生了偏差。这可怎么行？我当机立断，诚恳地跟数学老师反映了困难，虚心请他再次讲解我没听懂的地方。这是一位非常有耐心、爱学生的老教师，听罢我的反馈后竟连连道歉，二话不说给我开了一小时的课后小灶，之后讲课时甚至会偶尔停下来问我："柘远听得没问题吧？"我满心感动又抱歉，生怕自己耽误了课堂进程。好在小孩学习新事物的能力都强，我很快学会了闽南语，也和数学老师建立了真挚的师生友谊。

和人的友好关系一旦生根发芽，我们就不再感到孤单。之后要做的便是继续探索和体验，更全面地融入新环境，即"入乡随俗"。在厦门上学后不久，我就开始像厦门人一样行事，比如在中秋时体验闽南的传统活动"博饼"，周末时到同学家做客，泡工夫茶、吃沙茶面和海蛎煎等本地小吃，包括上面提到的学说闽南语……这一系列入乡随俗的尝试帮我更深入地习惯并喜欢上了厦门，在校内、校外都更加如鱼得水。写到这里，我又不禁想起18岁时独自拖着几个大行李箱远渡重洋，开启耶鲁本科生活的那段日子。从一开始听错英语闹笑话、半夜醒来心慌想家，到后来玩转繁重学业，和教授、同学们成为挚友，我着实完成了一次奇妙的融入之旅。

总之，同学们在初入全新的学习环境时不要怕、不要慌，要充满自信，相信自己，勇敢、果断地突破自己的舒适区，带着一颗开放的心去结交新朋友、尝试新生活。

记住：每一次融入的经历都能助你加速成长。加油啊！

彩　蛋

LEO 妈妈的诚意分享：家长与孩子共同成长的八个秘诀

本文作者 Karen: LEO 的母亲，"60 后""文艺青年"。曾在山东大学、山东财经大学教授英语，后进入媒体界，任电视台英语新闻栏目策划人、主播。退休后迁居北京，翻译英文著作、品读电影小说，喂养流浪动物。

本书的编辑朋友邀请我分享家庭教育的经验，我诚惶诚恐。我不敢妄谈什么经验，谨借此文，聊一聊我对子女教育的几点感悟吧。

一、做父母需有职业态度

我一直觉得，为人父母，好比一份职业。这份职业甚少岗前培训，必须不断进修，而且一旦上岗，终身在职。除非不可抗力，绝无脱岗、调岗的可能，更不能辞职。在孩子漫长的成长过程中，身为父母，要日复一日、年复一年地辛勤付出，给予孩子最大限度的爱，抚养并教育他，直到他长大成人，进入社会，开启自己的生活篇章，父母才可稍微松口气。虽说孩子成年后，做父母的应当"优雅地退出"，但是对孩子的那份深沉的爱与牵挂却无论如何都无法抹去，一如既往地、沉甸甸地压在心头，父母的职责至死方休。

您要说，父母对子女的爱怎可比作职业，岂不太过冷漠了。可是，仅有爱，仅有为父为母的本能，是不够的。任性的妈、自我的爸，长不大的父母，在生活里并不鲜见。他们当中的绝大多数也是爱孩子的，只是不能理性地对待"父母"这一角色，对"岗位责任"缺乏清醒的觉知，时常"在其位不谋其政"或者"乱政"。所以，不妨以职业态度来对待父母的职责，知道什么可为、什么不可为，懂得调整，找到最适合孩子的教养方式，使发乎本能的父爱和母爱更有质感和正向的力量，切实地让孩子身心受益，同时也能保持融洽的亲子关系，尽享天伦之乐。

二、陪伴很重要

父母的陪伴对孩子的成长至关重要，不可或缺。除非万不得已，孩子最好跟父母生活在一起，在父母身边长大。特别是处于婴幼儿期和儿童期的孩子，父母中至少须有一人作为他稳定的抚养人，陪伴左右，给予照顾和爱护，使孩子从稳定而亲密的亲子关系中获得安全感和幸福感。温暖的怀抱、慈爱的眼神、温柔的声音、家庭的欢声笑语，是孩子人格、心理和认知发展所需的最好的营养。

从父母的角度来看，陪伴孩子不仅是责任，也是需求。因为爱和疼惜，因为牵挂和不舍，父母不愿也不忍离开孩子。无论生活多么奔波，都要牵着孩子的手，把他护在身边。否则，思念加牵挂，实在太煎熬。

自从 LEO 出生到他启程赴美留学的那一天，我和儿子从未长时间地分开过。我绝不是黏着孩子不撒手的妈，儿子也并非"妈宝男"。只因我们的家庭状况特殊，抚养和教育儿子的重担几乎只能由我独自来承担。我深知责任重大，所以格外用心，恪尽职守。令我欣慰的是，在孩子需要我的时候，我从未远离，一直坚定地站在他的身后，提供一个母亲所能给予的一切支持。

LEO 读初二那年，我有一次调往北京工作的机会。大平台对我极具吸引力，我何尝不想在更大的天地发挥才能，改善自己的人生际遇呢？但是，经过数日的内心挣扎和慎重考虑，我忍痛婉拒了难得的工作邀请，因为放心不下正在步入青春期的儿子，担心处于特殊发育阶段的他，在我自顾不暇、沟通不到位的情况下，出现叛逆，走弯路。这并非危言耸听，我的确见过和听过一些案例。一向品学兼优的孩子，进入青春期后，忽然判若两人，变得六亲不认、言行古怪，家长苦口婆心、掏心掏肺，他却无动于衷，用"刀枪不入""药石罔效"来形容也不为过。

虽然儿子并未出现令我高度警惕的青春期叛逆综合征，但我仍为自己继续留在儿子身边的决定感到庆幸。虽然与向往已久的工作失之交臂，但我有幸参与了儿子从初三就打响的留学攻坚战，而且一起打了个漂亮仗。陪伴的意义还在于，孩子的每一次努力和成长，父母都不曾缺席。

有些父母不太在意陪伴的重要性。把孩子的抚养和教育"承包出去"。常见的有：交由自家老人代养，或送去寄宿学校，从幼儿园就开始集体生活，直到高中毕业。更有甚者，把才刚小学毕业的子女送往国外留学，孩子的一切都委托给寄宿家庭来打理。

我猜想，这些父母都有着自认为充分的理由吧，比如：我们打拼事业，无暇照顾孩子，送到寄宿学校能得到更好的管教；我们想让孩子从小就接受先进的西方教育；孩子在国内成绩平平，把他放到国外的环境里去磨炼，兴许就把潜能给逼出来了。无论何种理由，从本质上说，都是父母在自我开脱，为推卸养育责任找借口。

我认识几位把十二岁左右的儿女送去国外念书的父母，曾委婉地劝说他们赶快让孩子回到身边，但他们不以为然，反驳说："没这么可怕，不是有很多从小就离乡背井的孩子适应得挺好吗？生活和学习也都应付自如。"诚然，少小离家的孩子们中，不少人都顺利地长大，读了大学，学业有成。但这往往只是表象。有没有人关心过，这些被父母"发配"到异国他乡的年幼的孩子经受过怎样的与年龄不相称的压力，心灵受到过怎样的暴击？这些终于不必为照顾孩子所累的父母在夜深人静之时，可曾因为牵挂远方弱小无依的孩子而辗转难眠？知道孩子生病时特别渴望父母的怀抱吗？不担心孩子会遭受霸凌？孩子遇到挫折是不是躲在被窝里偷偷哭泣而不敢向寄宿家庭的主人求助？会不会觉得父母抛弃了他／她？

相较于学业和成绩，孩子的心理发展和性格的形成更为重要。若两者只能择其一，我会选后者，因为心理和性格才是影响孩子未来人生品质的关键因素。而家庭气氛的滋养、父母的陪伴与慈爱、亲情的交流则是孩子健康成长不可或缺的条件。那些自小住全托幼儿园、寄宿学校或远赴异国留学的孩子，恰恰被剥夺了家庭的温暖，失却了父母的陪伴和亲情的交流，心理问题得不到及时疏解，久而久之，他们的心理会出现偏差，心态压抑、性格冷漠，自我认知低下，人际关系疏离。

写到这里，我想起著名的美籍华裔演员尊龙。尊龙很小的时候就被父母抛弃，被一个凶巴巴的老女人领养，未享受一天的母爱，七岁时被送去戏班学戏，终日苦练，动辄挨打，苦不堪言。后来幸得命运眷顾，赴美学习表演，终成有口皆碑的艺术家。功成名就，他却并不快乐。他不懂如何爱，也不知怎样接受爱。他说：“我不太会做人，我没有家，没有父母，没有名字，没有童年，人和人之间的关系我不太懂，从小没有人保护我，我只能自己保护自己，所以我就关闭了心门，我就好像一片树叶，落到河里，任河水冲走……”

尊龙的遭遇充分诠释了缺失父母之爱和家庭温暖对人一生的负面影响有多么严重。他是受过良好教育的表演艺术家，却说不知怎么做人，不会处理人际关系，心门关闭，因为这些被称作情商的能力主要来源于家庭的熏陶和父母的引导。

所以，如果你果决地把年幼的儿女送去寄宿学校，送往国外，花大把金钱，只为借别人之手管教自己的孩子，在他成长的关键期，仅仅做一个旁观者，那么，你就要接受相应的后果——孩子与你无话可说；孩子和你不亲，不像一家人；孩子的“三观”与你所希冀的大相径庭；孩子性情冷淡，总是不快乐，诸如此类，不一而足。

您要说，夫妻二人中有一人陪同年幼的孩子去留学，不是很好嘛。以我之见，这也不是上佳之选。原本父母双全，一家人其乐融融，共享天伦之乐，为什么要变成单亲家庭模式呢？

　　陪伴孩子长大，是一个辛苦又充实的过程。父母付出时间和心力，暂缓事业追求，甚至放弃大好前程，不辞辛劳，为的就是伴着孩子顺利地度过每一个关键的成长阶段，确保他成为身心都健康的人。况且，孩子咿呀学语、蹒跚学步，上幼儿园、读小学、念中学，点滴进步，父母不仅是见证者，更应当是参与者。孩子的成长过程是单向行进的，没有回放键，父母缺席而错过的部分就只能留白，岂不遗憾！

三、父母需自律

　　家是我们可以卸下一身疲惫、放松身心的居所，是我们不必掩藏喜怒哀乐，甚至可以宣泄负面情绪的所在。但是，做了父母后，回到家中，在孩子面前，我们就不能随心所欲、口无遮拦了。

　　家长的"三观"和品行相当程度上决定着孩子成人以后的样子，为了给孩子良好的熏陶，身为父母就要在一言一行中自我约束、自我修正。

　　在此，我特别想分享以下几点。

遇事不情绪化、不释放负能量

　　人生不如意十之八九，闹心的事时常有。有些人反射弧特别短，一不顺心，脾气就炸。比如，夫妻之间一言不合就大吵大闹，大动干戈，如果这是家庭常态，孩子就会错误地认为，争吵、对骂，甚至大打出手，是解决问题的唯一方式。所以，夫妻间如有分歧，要学会克制和宽容，进行良性沟通，身体力行地教导孩子，愤怒的情绪只能激化矛盾、使问题升级，理性平和的沟通才是解决问题的最佳办法，人与人相处，沟通必不可少。

　　家长们身背事业、家庭、子女教育、赡养老人几座大山，心力交瘁，时有恶劣情绪上身。孩子稍有不慎，便立即点燃他们的暴脾气，沦为他们坏情绪的垃圾桶。轻者挨顿劈头盖脸的斥骂，重则皮肉受苦，这是暴风骤雨式的家暴。还有一种坏情绪更具代表性，往往来自女性家长，这就是哀怨、叹气、哭天抹泪、"活不下去了""死了算了"之类，像绵绵不绝的冷雨裹挟着一股绝望的气息，将整个家变成一个负能量场，这是凄风苦雨式的冷暴力。情绪失控的家长可曾想过，遭受情绪暴力的孩子有多可怜！你一通宣泄将负面情绪全都转移到了孩子身上，他们茫然无措、压抑郁闷、恐惧无助、委屈愤怒，甚至恨意不绝。与父母所不同的是，孩子敢怒不敢言。若不及时得到疏导，孩子的心理和性格就会扭曲，变成父母最不愿意看到的样子：易怒、胆怯、自卑、脆弱、消极、厌世、被霸凌或霸凌别人……

每个人都或多或少地带有原生家庭的阴影，我也不例外。我的童年时期，家庭遭遇变故，慈爱的父母身心俱伤，家里再无往日的欢声笑语，取而代之的是愁容和叹息。年幼的姐姐和我，在外面遭受了谩骂和欺负，在家里也小心翼翼起来。这样的氛围造就的性格多少是有问题的。我带着自卑、抑郁和怯懦的性格倾向上了大学、参加了工作，习惯性地自我否定，悲观地看待事物。总是担心自己不会说话，惹人不快，不敢表达自己的观点，殷勤地予人方便，即使自己千般委屈。面对进修机会，总是自我断定没资格争取。就连婚姻大事，也是草率为之，终以离婚收场。我用了好多年，通过观察和学习别人如何待人接物、如何化解问题，才逐渐从负面的性格中解脱出来。

个人经历使我深刻地认识到，成长环境对于人的性格形成有着深远影响，因此，我时常保持警醒，努力改善自我，用心做一个乐观、开朗、有趣又温暖的母亲。实际上，在养育儿子的过程中，我得到了救赎，学会了自洽。儿子也喜欢与我这个"神经大条"的老妈聊天、开逗，在轻松愉快的家庭氛围里，他长成了一个性格开朗的阳光大男生。

为了孩子的身心健康，为使孩子拥有好性格和积极心态，父母必须负起责任，学会控制情绪，遇事不情绪化、不拧巴，凡事看积极的一面，客观理性、包容大气；把破坏性的情绪关在家门外，让家中的气氛轻松、平和、愉快而治愈。

不论人非

看过脱口秀演员李诞的一个段子，绘声绘色地描述爸妈带孩子去邻居家串门，当着小孩儿的面聊起了某某和某某在闹离婚，正聊得起劲儿，忽然想起孩子还在跟前，便打发孩子去找邻居家的哥哥玩。可是两个孩子年龄悬殊，没的聊。小的这个便没话找话地跟哥哥套近乎，说起了刚听来的某某阿姨和某某叔叔闹离婚的八卦。虽然这是个滑稽搞笑的段子，但不能不说是现实生活的生动写照。孩子有样学样，耳濡目染，不知不觉间，一招一式便染上了自家大人的做派。

"谁人背后不说人，谁人背后无人说"，在聊八卦、论是非这方面，几乎无人免俗，只是程度不同而已。有的事出有因，仅限于跟亲近的人议论几句。比如，在单位遇上了糟心事，回到家跟妻子或丈夫发发牢骚，议论一番，这在所难免，可以理解，人总得找个疏解的出口。不过，此时一定注意不要当着孩子的面议论，杜绝给孩子以不良的示范。还有些人习惯性地在别人背后说三道四、飞短流长，街头巷尾的大事小情没他们不操心的，全然不顾及孩子好奇地竖起耳朵。受这种家风熏陶的孩子，长大后，大概也会是个长舌之人，好论人非，处不好人际关系。这一不良习惯最大的坏处在于，眼睛总瞅着别人的隐私和槽点，实际上是被人牵着鼻子走，心无定力，格局狭隘，难有出息。所以，家长们，请严管自己的嘴巴，积口德、重修养、有格局，给孩子树立良好的榜样。

四、相信、信任

我的朋友王姐特别能干，家里家外一把好手，退休后更是包揽了全部家务。已经成家立业的女儿想搭把手，王姐从来不让，理由是她干活不利落。某日，她给我发微信，说这几天感冒，女儿回家给做了两天饭，万万没想到，饭菜做得相当可口。

在电梯里，听到一对母女的对话。女儿八九岁的样子。女儿："妈妈，我数学考了 100 分。"妈妈："是吗，是不是你们全班都考 100 分了？"女儿："不是的妈妈，我和王涛并列第一。"妈妈："哦，那可真是太阳打西边儿出来了……"女儿无言。

闺密晓敏的儿子在加拿大读完本科和研究生，已然喜欢上了加拿大的环境，打算继续留在那里读博士或就业。晓敏却在儿子放假回家时，把他的护照藏了起来。她想让儿子留在家乡的城市，工作、结婚、生子，理由是：儿子一人在加拿大，好多事情搞不定；回来多好，房子给买好了，未来的媳妇也相中了。

以上这几个事例，有一个共同点，就是父母对孩子的不信任。因为不相信，所以不信任，才会放不开手。这大概是做父母的通病吧。孩子幼时，我们认为他什么也不懂，自理能力几乎为零，离开大人的照顾与呵护基本活不下去。孩子大些时，我们又怀疑他没那么聪明，考个好成绩是侥幸。孩子成年后，我们不相信他已经具备独立生活的能力，常以自己的感受取代他的感受，包办一切，还自以为是地说："你爸你妈过的桥比你走的路都多。"

LEO 小时候，小身板不太壮实，隔三岔五地发烧、腹泻，所以，我十分小心地呵护他。天气稍微转凉，就把他里三层外三层地捂起来，生怕他着凉。某次，带小 LEO 去看病，被医生的一句话戳到。"不要这么紧张，你得相信孩子自身的抵抗力。"于是，我决定改变策略，不再被动地防守，而是锻炼他的抵抗力。放他跟小伙伴在宿舍区里疯跑嬉闹，一起踢球，到草丛里捉蚂蚱；周末带他去爬山，在空旷的山谷里大声喊叫，听谁的回声多；和他比赛跳绳，比赛谁跳得多。到上小学时，LEO 的身体结实了不少，还在校运动会上获得二百米赛跑冠军。我欣喜无比，儿子再也不是那个弱不禁风的小男生了。

医生的这句"你得相信孩子自身的抵抗力"，开启了一个良性循环。相信孩子具有抵抗力，继而放开手脚，任他强身健体，他的天性也得到释放。与此同时，我们母子间的交流互动也变得轻松自在，越来越像朋友，不再是紧张兮兮的妈妈和文弱的小宝贝。

我得承认，相信孩子能行，把信任交给他，实践起来有难度，因为父母的本能，特别是母性本能，会在不经意间成为阻碍。我的体会是，可以先从小事做起。比如，把洗好晾干的衣服给他，让他把袜子配对，把衣服分类。去外地旅游时，假装不认路，让他带路。出行前，让他做攻略（小学生有能力做简单的出行计划），将旅行所需物品列个清单等。即便他做得不完美，考虑得不周全，也不要急于否定他。因为这些事，并不是非黑即白，而且一回生二回熟，做几次，他自然就明白了。

渐渐地，LEO 能自己解决稍有难度的问题。比如，初一时，他参加了一个国际环保地图大赛，并获了奖。获奖者将前往日本领奖，但由于 LEO 是福建省唯一获奖者而且年纪小，其他省份皆有数名高中生获奖并有老师带队，所以，主办方不建议他自己去日本。但是 LEO 非常想去，问我怎么办。我鼓励他自己联系主办方，请他们允许并做相应的安排。接下来几天，LEO 给日方发了邮件，还想办法联系上广东队的带队老师，表示想与他们同行。几经努力，LEO 终于得偿所愿。事后他还有感而发："幸亏我主动联系了他们，不试一试，连机会都没有。"

正是在这些或大或小的事情上，我故意放权、做甩手掌柜，LEO 才有了锻炼的机会，解决问题的能力增强了，自信心也建立起来。他的进步转而补给了我对他的信任，我愈加放心地任由他做更多的尝试。

对孩子的信任还应体现于倾听、理解、沟通和接纳。LEO 总有各种想法，而且会付诸行动，很喜欢"折腾"。只要是正当合理、有益身心的事，我都支持。即便有分歧，我也愿意先耐心地听他把话说完，了解他的初衷，然后才把自己的观点讲出来，晓以利害，分析可能出现的结果以及会遇到怎样的困难，沟通彻底了，最终由儿子自行决定。比如，LEO 在初三暑假的某天，突然告诉我，高中毕业后要去读耶鲁大学，而且要申请到全额奖学金。按 LEO 当时的条件，这无异于天方夜谭，我有股反对的冲动。但转念一想，儿子突发如此奇想，应该事出有因，姑且听听他的具体方案也无妨。母子二人相对而坐，LEO 娓娓道来。两个多小时后，我心悦诚服，慨然应允道："既然儿子不畏难、不怕苦，为娘我自当全力相助。大不了，陪你回炉读'高四'。"

作为单亲母亲，我特别希望儿子的人生之路按部就班，少一些变数，不要太辛苦。但是，可预见的未来的安排虽然令我踏实，却无法实现孩子的自我价值，不是他想要的。所以，对于儿子的人生规划，我不会横加干涉。当然，我们母子二人依旧保持建设性的交流，我仍会提建议，但绝不强加于他。我了解儿子，也相信他的判断力和责任心，他会为自己的人生负责。LEO 从耶鲁毕业后，做投行分析师、合作开发旅游项目、考入哈佛商学院并以优异的成绩毕业、开公众号、写微博、出书、办线上讲堂、参与文化项目投资等，多头并进，不亦乐乎，满满的成就感。

信任具有神奇的力量，会在孩子身上滋养出自信心、好奇心、思考力和创造力，赋予他探索和试错的勇气，给他认识自我、了解社会和不断成长的空间。

教育家陶行知先生说："教育孩子的全部秘密在于相信孩子和解放孩子。"深以为然。

五、培养孩子自我反思的习惯

马云曾在一次演讲中说，真正成功的人士有个特点，无论时局如何艰困、经营变数如何大，他们都习惯性地先从自身找不足，寻找改善的可能性和突围的办法。这便是自我反思的能力。一个人事业的成功和生活的幸福，相当程度上取决于这种能力。

与之相反，一遇问题就归咎于客观环境或迁怒于他人、找理由自我开脱或自我安慰，这是反思能力缺失的表现。不能自我反省的人，几乎无法处理好情感关系、工作关系和人际关系，更容易故步自封，缺乏进步的内在驱动力。相信没有家长忍心看着自己的孩子因为缺乏自我反思、反省的能力而在生活和事业中屡屡受挫、阻力重重。那么，家长就需要做好示范，和孩子一起学会反思，养成自我反省的习惯。

建议和孩子做一些自我反思练习，方式一定要轻松、自然。绝对不要搞得紧张严肃，像自我批评的检讨会。LEO 小时候，我就有意识地和他做一些反思练习。我们母子非常喜欢聊天，总有说不完的话，这为我们的反思练习创造了便利条件。我会主动说起自己的一些困惑，不着痕迹地将聊天切换到自我反思模式。有一次我记得特别清楚。我们母子俩晚饭后边散步边聊天，走着走着就到了湖边，在石凳上坐下来。我对他说："妈妈今天因为某个工作上的安排，跟 Y 阿姨产生了分歧，我对着人家大吼大叫的。唉，我太冲动，说话不好听，很可能伤到了她。"小LEO 听罢事情的来龙去脉，竟然条分缕析地指出我的错误，还特意强调说："妈妈以后不能这样说话不经过大脑了呀。明天去跟 Y 阿姨道个歉，你们就和好啦。"过了会儿，他歪着脑袋，小大人似的说，"唉，人无完人。谁能无过？比方说我自己吧。和思懿约好星期六早晨八点半在学校门口会合，然后一起去中山路的新华书店。可我太困了，都八点了，还在被窝里呢。害得人家白等了一个多小时，书店也没逛成。全是我的错。以后我要说话算数。一言既出，驷马难追。"多年来，我们一直坚持这种自我反思式的交流，反思内容涉及课堂听讲、作业质量、考试总结、人际交往，甚至还有小 LEO 热衷的捉蚂蚱、捕知了的技巧。反思练习丝毫不刻板，而是妙趣横生，我们从中受益良多。归纳起来，最突出的益处有：

从孩子的角度评估：

· 逐渐地由"他律"过渡到自律，且过程不突兀。

· 越来越喜欢思考和观察。

· 对寻找问题的最佳解决办法和如何既快又好地做完事情兴趣浓厚。

· 自信心不断增强。

· 遇到挫折，不容易情绪化。

从亲子关系角度衡量：

· 反思式的交流也是我们母子交心的互动，更加信赖彼此。

· 母子间从未出现过解不开的矛盾。

· 有效地规避孩子出现叛逆行为。

孩子养成自我反思、自我反省的思维习惯是一个漫长的过程，需要家长的重视，并在日常生活里用心地对孩子进行点拨和引导。这个好习惯一旦形成，孩子将终身受益。

六、细微处看教养

家长们前所未有地重视孩子的素质培养，创造一切可能的条件，让孩子参加各种培训班，恨不能十八般才艺都学会。这本无可厚非，成绩好、能歌善舞的确是个人素质的重要组成部分。只不过，仅有这些是不够的。一个教养不足的孩子，纵使才艺傍身，也不能算作一个素质全面的人。

画家陈丹青说："所谓教养，所谓礼貌，全看小事情。"十分赞同这个观点。我常乘高铁往来于外地和北京之间。每次旅程，车厢里都会上演孩子哭闹、大人吼叫的戏码，还夹杂着嗑瓜子的脆响、打扑克的起哄声和手机的来电铃声。我忍不住地想，要到何时，我们的素质教育才能延伸到这些小事情上？人人都能习惯成自然地在公共场所顾及别人的感受？

现实不完美，我们尚需努力！就从我们自身做起，从孩子们做起吧。对孩子的素质教育也不能忽略了从小处着手。教导孩子，无论有没有监督，都不能随地吐痰，不能乱丢纸屑、果皮等垃圾；坐火车、乘飞机、在公共场所，都不可以大声喧哗；提醒孩子，要对满头大汗给自己送外卖的小哥，发自内心地说声谢谢；看见身体有缺陷的人，不要用异样的眼光盯着他看，要像遇见健全人一样，礼貌地对待他；饭桌上，不能把筷子或勺子伸进菜盘乱挑拣，吃饭不要吧唧吧唧地发出噪声。细微之处见真章，切莫忽略孩子在这些小事上的表现。不少家长担心，自家孩子温、良、恭、俭、让，会吃亏。我个人的看法是，虽然世道人心复杂，但社会的运行和发展离不开正道和规矩。良好的修养，只会给孩子带来更多的机会，使其受益远多过吃亏。

七、从小培养阅读兴趣

培养孩子的阅读兴趣和阅读习惯，非常重要，其重要性怎么强调都不为过。因为：

·阅读可以培养孩子的专注力、理解力和学习兴趣，对日后的在校学习大有好处。若要孩子学业顺利，从小养成阅读习惯这一环必不可少。

·读书可增长知识和见识，传递给孩子爱和共情的能力。

·孩子可从书中找寻情感慰藉，负面情绪和不良心理状态得以调整，有利于养成健全的人格。

·从小就爱读书的人，看待人、事、物比较达观，遇到挫折或打击，较为理性和客观，不易走极端的路或出现过激行为。

回想当年我初为母亲时，对于育儿理论所知甚少，但直觉告诉我，必须尽早地让小 LEO 喜欢上阅读。LEO 出生后的第十一天，我便开始给他读童谣、唱儿歌，躺在摇篮里的小 LEO 听到我的吟唱，总会舞动四肢，似是在欢快地应和。逐渐地，我开始给他朗读童话和神话故事，再后来读简写版的名著。不管多么忙和累，睡前故事从未间断，雷打不动。青少年版的《西游记》《水浒传》和《三国演义》就读了三四遍之多。母子二人，一个听得入迷，浑然忘我；一个声情并茂，戏精上身。LEO 对某些故事或章节特别痴迷，总缠着我读了又读。对于这些内容，我在重复读时，故意读错或漏读，观察 LEO 是否发现并且纠正。绝大多数情况下，小 LEO 都能立刻发现问题并得意地纠正或补充。有时，我会鼓励他给我讲一遍听过的故事，以此锻炼他的记忆力和口头表达能力。我还会和小 LEO 想象不一样的故事结局，或者故事只讲一半，启发他接续后面的内容，借此锻炼他的逻辑思维能力和想象力。有时候 LEO 脑洞大开，胡编乱造，逗得我笑出眼泪来。随着他识字的增多，我们开始共读一本书，分享读后感。犹记当年我们母子二人为了争读《哈利·波特》，那叫一个"斗智斗勇"啊。现在想起来仍然忍俊不禁。

在每日不辍的、非常欢悦的亲子共读中，小 LEO 对阅读产生了浓厚的兴趣。他开始自己阅读各种绘本、彩图版的少儿百科全书和儿童期刊。进入小学后，除了轻松读完老师布置的课外读物，他还读了很多题材各异的书，周末和假期会约上同学一起泡书店。我也喜欢给他买书，并且规定，买回家的书不能躺在书架上当摆设，必须看到眼睛里，存入大脑中。

我发现和 LEO 一样喜欢阅读的几个孩子，有一个共同点，这就是：坐得住，专注力强，领悟力和记忆力都很好，写作业效率高。LEO 从幼儿园到小学，几乎没什么过渡期，顺理成章地适应了课堂节奏，学业毫无压力，成绩一直领跑。这无疑与他从小养成的阅读习惯有很大关系。

儿童智能的发展存在不同的敏感期或关键期。从两岁到六岁，相继出现语言、书写和阅读敏感期，在敏感期内学习相应技能较为容易，错过则易出现学习困难。语言、书写和阅读是相互关联、相辅相成的，所以，培养孩子的阅读兴趣一定要趁早，不要认为孩子太小什么也不懂而错过最佳启蒙期。不仅要尽早，而且要持之以恒，直到孩子养成阅读习惯且着迷于阅读。

对阅读的热爱，是父母送给孩子最好的人生礼物。

八、其他感悟

1. "恩威并施"

非常认同长期研究青少年心理问题的李玫瑾教授的观点：爱子女的正确方式应该是恩威并施。"恩"，父母有恩于孩子，给他慈爱、照顾和陪伴，与他进行情感交流，使其感到温暖和安全，长大后遇到挫折，这份恩情，便是他战胜困难的力量源泉。"威"，则是对孩子加以必要的管束，使其懂得行为处事的规矩和边界，明是非、辨好坏。无底线的宠溺或简单粗暴的管教都是不负责任的做法。

孩子三到六岁，发现坏习惯，必须加以制止，要坚定地说不。即便孩子因得不到满足而撒泼打滚儿闹翻天，也不要妥协。事后可以跟孩子谈一谈，用他能听懂和容易接受的方式，晓之以理。

2. 适当地让孩子吃苦

几乎每天清晨，我都看见小区里有个小学生模样的男孩呼哧呼哧地跑步锻炼，经常由爸爸陪跑，偶尔妈妈也会上阵。跟孩子的妈妈聊天时了解到，男孩从小一直由奶奶爷爷带，上小学时才回到父母身边。他们发现，儿子娇气、脆弱，好吃懒动，吃不得丁点儿苦。于是，夫妻俩下决心改善孩子的身心状态，并为此制订了计划。坚持跑步就是计划中的一项，旨在磨炼孩子的毅力和吃苦耐劳的韧性。最令我感佩的是，他们并非一味地指手画脚，而是和孩子一起锻炼，分享自律和坚持的成就感。孩子的妈妈高兴地说："刚开始时，叫孩子起床，别提有多难。现在，儿子经常催促我们起床，嚷着要出去锻炼。儿子在学校也越来越积极主动，很有参与意识。"

适当地让孩子吃些苦，经历必要的锻炼，磨炼心性与斗志，他们成人后，才能有勇气和毅力独立应对人生的无常，为自己创造幸福的未来。

3. 多赞努力，少夸聪明和漂亮

我们都遇到过非常聪明却不好相处的人吧。他们大多生活不如意，过分地在意别人的评价，爱听好话，不接受批评，还喜欢跟人掰扯，争高低论对错。

我生活和工作中也出现过几位这样的人。平心而论，他们都是善良正派的人，但跟他们共事或相处，总是不那么舒服。后来我发现，他们从小到大，都是聪明出色的学生、父母的骄傲、同学羡慕的榜样，听到的皆是赞扬之声、溢美之词。这导致他们自我认知出现了误差，不同程度地自负和自恋。

但是，山外有山，人外有人，进入职场，步入社会以后，他们的优越感遭遇挑战，许多事远非预想的那么信手拈来，因而彷徨失落，怨天怨地，常有怀才不遇之慨叹。

少夸孩子聪明和漂亮，这两样特质来自父母的好基因，不应成为孩子自信的唯一理由和夸耀的资本。多称赞孩子的努力。他通过努力所取得的进步，无论多么微小，都值得鼓励和表扬。要在孩子心里根植勤奋和努力的意义，这将使他受益终身。

LEO 也是优等生，学业和工作都比较出色，赢得了不少赞誉。但是，我常对他说"儿子，我要做你人生中那个不一样的声音"，因为我希望能通过理性和建设性的提醒，让儿子保持客观的自我认知，不会因别人的褒贬而迷失人生的方向。

令我欣慰的是，LEO 是个非常努力的人。

4. 培养孩子的逆商

人生有时非常艰难。五十岁之前，我经历过几次磨难，若不是身处母亲的岗位，我可能早已缴械投降。

遇到不顺和灾逆时，我都尽量克制，不在孩子面前流露哀伤和绝望的情绪，以免影响他的正常生活和学习。后来，儿子年岁渐长，能觉察到我的异样，变得忧心忡忡。与其继续粉饰太平，使事情复杂化，不如简略地告知他真实情况。但我一定会跟儿子说明几点：

· 人生无常，不是自己做到最好，就万事大吉，诸事顺遂。

· 遭遇变故和打击，我会慌乱、难过和愤怒，会关起门来哭。

· 必须宣泄，否则会压抑成疾。但是我只给自己三天时间任性。三天后，必须强迫自己平复情绪，想办法突破困局。

· 不把亲朋好友当作自己的情绪垃圾桶，但可请他们出谋划策，寻找解决方案。

· 找到解决办法，我就不再慌张失措，也不会对既成的损失耿耿于怀。

· 事过天晴，放下过去，不再纠结，一门心思朝前走。

· 你管理好自己的事，就是对妈妈最大的支持。

我说到，就会做到，因为我是母亲，不仅扛打，而且能打。怨天尤人，以泪洗面，那绝对不是 LEO 的妈妈。我要以行动让儿子懂得，什么是"遇事不怕，面对、解决和放下"。后来才得知，遇到挫折，我希望儿子拥有更强的勇气和韧性、解决问题和超越困难的能力，叫作"逆商"。

我认为，培养孩子的"逆商"十分必要，但需讲求方式方法。要根据孩子的年龄、性情、承受能力、亲子间的互动方式等因素，酌情引导，不可操之过急，也不要因噎废食。

最后，引述一段美国心理学家约翰·华生的观点："人类的行为是后天习得的，环境决定了一个人的行为模式，无论是正常的行为还是病态的行为，都是经过学习而获得的，也可通过学习而更改、增加或消除。尽管每个孩子天生带有鲜明的遗传特色，但出生以后的生长环境却仿佛染料一般，使他们的人格、性格、人品和心态呈现不同的色彩，或亮丽，或黯沉。父母好比雕塑家，孩子拥有怎样的身心状态，要看父母如何塑造和打磨。"

感谢您耐心地读到这里，希望我的分享对您能起到抛砖引玉的作用。

附　录

来这里，和我一起持续学习，勇敢去闯！

在哈佛攻读 MBA 期间，我创立了两个分享知识和干货的平台，分别是"LEO 的超级干货教室"（以下简称"LEO 教室"）和"去闯课堂"。

"LEO 教室"已经发布了超过 100 节音频直播干货课，除了我本人主讲的"LEO 英文主题派对""全套地道英语表达""出国留学申请指导""顶尖商学院 MBA 申请分享"等课程，我还邀请了几十位毕业于哈佛、耶鲁、麻省理工等全球顶尖名校的学霸朋友来这里分享自己的求学经验。

如果大家想收获更多学长、学姐的干货与经验，非常建议大家扫描下面的二维码，成为"LEO 教室"的 VIP 学员，在 365 天里无限次学习所有课程。

扫一扫，加入"LEO 的超级干货教室"

"去闯课堂"是我的另一个知识分享平台，每一套课程都是历时数月精心研发、录制的超长音频课程，且几乎全都不会过时，包括我主讲的《哈佛学长的200 节地道口语大课堂》、涵盖了 12000+ 词汇的《哈佛学霸的六步鸡血背单词课》《哈佛学霸的 160 本好书精讲大课》，以及讲述自己十年求学与精进故事的《不忘初心，一同去闯——LEO 暖心励志专辑》等。推荐大家扫描下面的二维码进入"去闯课堂"，选择最适合自己的课程开始学习。

用功学习，一同去闯

同时，也欢迎大家关注我的微博和"学长 LEO"的社交账号，接收更多日常干货与能量补给。

微博 & 小红书：@ 李柘远 LEO

微信公众号

@ 学长 LEO
抖音号：39863331
哈佛 MBA ｜耶鲁本科｜创投人

抖音

对了，也欢迎大家关注我的首本学习方法类作品《学习高手》。这本书不但有适合学弟学妹们的方法，还有职场人可以参考的干货内容。大家可以在线上平台或线下书店查找、购买。

再次祝你学得开心，学得卓有成效！

图书在版编目（CIP）数据

小学生学习高手/李柘远著. —北京：北京联合
出版公司，2022.6
ISBN 978-7-5596-6188-3

Ⅰ.①小… Ⅱ.①李… Ⅲ.①小学生—学习方法
Ⅳ.①G622.46

中国版本图书馆CIP数据核字（2022）第071920号

小学生学习高手

作　　者：李柘远
出 品 人：赵红仕
责任编辑：牛炜征

北京联合出版公司出版
（北京市西城区德外大街 83 号楼 9 层　　100088）
雅迪云印（天津）科技有限公司印刷　　新华书店经销
字数：242 千字　　　700 毫米 ×980 毫米　1/16　　印张：16
2022 年 6 月第 1 版　　2022 年 6 月第 1 次印刷
ISBN 978-7-5596-6188-3
定价：58.00 元